SOCIAL MEDIA MARKETING

Il Manuale Più Completo sul Marketing
Digitale per Eccellere sui Social Networks

FRANCESCO PAPA

ISBN: 978-1079316285
Prima Edizione: Luglio 2019

SOMMARIO

L'evoluzione della nostra realtà comunicativa

Al giorno d'oggi è quasi impensabile dover comunicare con le persone senza l'utilizzo dei social networks, che sono diventati una realtà industriale da miliardi di dollari. Attraverso il World Wide Web siamo infatti in grado di facilitare il contatto con amici e familiari e connetterci con persone provenienti da tutto il mondo: riusciamo a malapena a ricordarci di quando non esistevano. Facciamo un breve viaggio indietro nel tempo, quindi, per scoprire la storia della **comunicazione digitale** e la sua evoluzione.

L'uomo ha sempre avuto la necessità di comunicare informazioni a grande distanza: il primo servizio postale fu creato nel lontano 550 a.c., il telegrafo nel 1792, fino ad arrivare all'invenzione del telefono e della radio nell'800. Il XX secolo ci ha poi portato **Internet**, dando inizio a un'era di totale rivoluzione nella comunicazione.

Una "forma primordiale" di **social network** nacque nel 1971, quando fu inviata la prima e-mail. I due computer si trovavano uno accanto all'altro, e il messaggio diceva semplicemente "qwertyuiop". All'inizio degli anni '80 si arrivò alla realizzazione dei primi **web browsers**, che furono distribuiti usando *Usenet*—la prima bacheca online dell'epoca—usata dagli utenti per pubblicare notizie, articoli e post divertenti.

Nel 1997 fu lanciato **AOL Instant Messenger,** considerato il precursore degli odierni social networks: consentiva ai suoi utenti di scrivere una biografia e condividere dettagli personali.

Il primo sito moderno che potesse rientrare appieno nella definizione odierna di social media è stato **Friendster,** creato nel 2002 e chiuso nel 2015, che nei primi 3 mesi dal lancio fu in grado di accumulare 3 milioni di utenti.

Presto seguì **MySpace,** che superò il successo di Friendster grazie alla possibilità di personalizzare il proprio profilo con musica e video.

Un altro sito con notevole successo è **LinkedIn,** istituito nel 2003, che attualmente conta 30 milioni di membri registrati. Rispetto agli altri social, Linkedin si è concentrato sulla costruzione di contatti commerciali e professionali.

Nel 2004 arrivò **Facebook,** ideato da **Mark Zuckerberg** con lo scopo di mettere in comunicazione tra loro gli studenti universitari di Harvard. Due anni dopo il sito di networking fu aperto al pubblico, e nel 2008 si affermò come il principale sito di social network. Attualmente ha 2,2 miliardi di membri attivi in tutto il mondo.

Risulta chiaro come questa evoluzione nella comunicazione ci ha portati ad essere sempre più connessi gli uni con gli altri. I siti di social network oggi sono come i titoli in prima pagina sui giornali ieri, e sono ormai parte integrante della nostra società. Instagram, Facebook, YouTube e molti altri sono le nostre bacheche personali che ci consentono di far sapere al mondo esterno chi siamo e cosa facciamo.

Tutto ciò non solo ha cambiato la comunicazione e i rapporti tra le persone, ma anche l'approccio strategico ed esecutivo di vari settori del mondo del lavoro, in particolare il **marketing**.

Oggigiorno, se decidi di avviare un'attività commerciale di qualsiasi genere l'utilizzo dei social per promuovere il tuo brand è diventato una scelta obbligata.

In quest'epoca di rivoluzione digitale non puoi attendere che siano le persone a cercarti per acquistare i tuoi prodotti e servizi. Per avere successo è fondamentale che impari a promuovere chi sei e ciò che fai utilizzando i canali giusti secondo le nuove regole del **Social Media Marketing**.

Le nuove regole del marketing nell'era dei Social Media

Il marketing attraverso i social media rappresenta l'ultimo – necessario - trend del mercato. Gli strumenti di marketing tradizionali come televisione, giornali o riviste sono molto costosi e coprono un mercato mirato limitato, e risulta difficile per le aziende commercializzare i loro prodotti e servizi su un'ampia area geografica attraverso un'unica campagna. Ad esempio, si pensi alla difficoltà nel coprire l'intera Asia attraverso un annuncio pubblicitario su un giornale o tramite televisione. I **social media** hanno rivoluzionato questo approccio al **marketing**.

Nella definizione base di marketing, si afferma che bisogna massimizzare l'uso delle risorse aziendali e sviluppare prodotti e servizi per soddisfare le esigenze dei clienti. Il social media marketing è perfettamente in linea con questa definizione: le aziende possono richiedere commenti e suggerimenti dai propri clienti attraverso blog, immagini, valutazioni, e quindi migliorare i loro prodotti e servizi in funzione delle esigenze dei clienti, in base al feedback ricevuto.

La pubblicità e il marketing sono completamente cambiati a causa dei social media: oggigiorno, chi compra un prodotto o usufruisce di un servizio fornito da un'azienda è un **cliente** e allo stesso tempo un **marketer**, perché contribuisce attivamente a fornire informazioni utili all'azienda per il miglioramento del prodotto. Attraverso questo sistema, i clienti stanno battendo i marketer nel loro gioco.

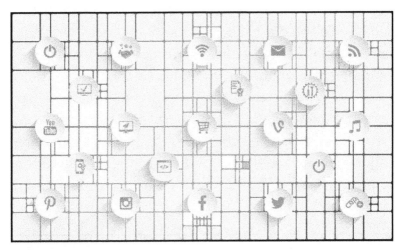

I social media hanno una potenza mediatica mai raggiunta prima. Uno dei maggiori punti di forza di questi strumenti è la possibilità, da parte delle aziende, di commercializzare il loro brand a livello globale in qualsiasi parte del mondo abbia internet. Bisogna però anche considerare che i social media hanno reso i clienti più sofisticati e li hanno aiutati a sviluppare nuove tattiche nella ricerca, valutazione, scelta e acquisto di beni e servizi. Ricerche recenti rivelano che alcune delle nuove tendenze comportamentali dei clienti sono la domanda di prodotti personalizzati e la volontà di essere attivamente coinvolti nel processo di sviluppo del prodotto. Gli esperti di marketing devono quindi modificare le loro strategie di mercato e aprirsi all'idea di offrire prodotti personalizzati in base ai desideri del consumatore finale. La necessità da parte dei marketers di riguadagnare un certo grado di controllo sulle piattaforme Social ormai dominate dai clienti ha spinto molte aziende a investire in attività di **social media marketing**.

Nel 2009, un rapporto di **Michael Stelzner**, fondatore della Social Media Examiner, ha identificato i principali vantaggi del Social Media Marketing: l'81% delle aziende intervistate in questo studio indica che le loro attività sui Social Media hanno generato una maggiore esposizione sul mercato, il 61% di questi ha osservato un aumento del traffico dei clienti, nel 56% dei casi il marketing sui social media ha portato a nuove partnership commerciali e il 45% delle aziende ha riportato spese di marketing ridotte.

Un altro studio, pubblicato da **Altimeter Group** nel 2009, ha riportato che i brand maggiormente coinvolti nel Social Media Marketing mostrano una crescita del 18% dei ricavi, che si oppone ad un calo del 6% per i brand non coinvolti.

Questi e numerosi altri studi suggeriscono che il social media marketing offre alle aziende un'opportunità strategica di grande potenzialità per incrementare le vendite.

Avere fiducia nei Social Media

Bisogna ricordare che il Social Web è **imprevedibile**. Tempeste economiche, politiche e sociali vengono alimentate senza alcun ritardo dalle reazioni degli utenti quando navigano sui vari Facebook ed Instagram. Il social media marketing **non è paragonabile** alla stampa o alla buona vecchia bacheca delle affissioni. È un ambiente caotico e chi vuole avere successo deve farsi notare creando **valore aggiunto**. La presenza atta alla sola vendita, nel social web, risulta essere **controproduttiva**.

Chi vuole instaurare sulla rete un **intenso rapporto** con i clienti e far sì che il proprio valore venga riconosciuto deve **creare fiducia**.

Post e video **stereotipati,** che riflettono o rafforzano un'idea già comune nei consumatori e non hanno alcuna particolarità interattiva, non sostengono questo scopo. È meglio se ai tuoi clienti e coloro che sono interessati fornisci materiale discorsivo.

Presenta attivamente i tuoi prodotti attraverso i video, fornisci consigli d'uso, esorta ad avere **idee creative**. E poni i tuoi prodotti in un **contesto specifico** con i clienti. Ti faccio un esempio chiaro. È periodo della Vigilia di Natale e tu vendi prodotti di pasticceria: lascia che i tuoi clienti **filmino** o **fotografino** le attività all'interno della stessa. Se necessario, incoraggiali a farlo. Non fa **tendenza** solo la pasticceria perfetta e ben rifinita come struttura, ma anche e soprattutto gli stessi prodotti dolciari.

Un altro esempio: la tua gamma di prodotti è costituita da biciclette elettriche? Interagisci con la tua clientela invitandola a raccontare di sé: dove vengono usate le tue biciclette? Quanti anni hanno i tuoi clienti? Una bicicletta elettrica riesce ad arrivare anche nelle Ande o nel Deserto Subsahariano?

Fai un **appello** per avere video e foto-storie spettacolari. Fatti raccontare cosa attrae i tuoi clienti e cosa desiderano ancora.

Costruire la fiducia vuol dire anche avere **uno sguardo che vada oltre la pubblicità**, quindi ad esempio sulla produzione, nelle fiere o magari sullo sviluppo di un prodotto.

Una volta che ti sei **consolidato** in rete in modo ottimale, devi fare in modo che gli utenti continuino ad interagire con te. Oggi a malapena è possibile farlo con delle semplici foto ed un testo per niente strutturato. Molto più avvincenti sono ad esempio dei **grafici interattivi,** diagrammi e mappe.

Con i grafici interattivi ci sono determinati punti (i segni "più": ovvero "+") che consentono all'utente di avere ulteriori spiegazioni tramite un semplice **clic**. In questo caso vengono coinvolti diversi sensi e la **curiosità** dell'utente. Anche rozzi **diagrammi** possono essere resi interessanti, semplicemente usando i giusti strumenti.

In questo modo i numeri **divertono** e rimangono maggiormente impressi in mente.

Mappe interattive non mostrano solo dove sono collocate l'azienda e i suoi negozi, ma possono anche condurre direttamente alla **gamma di prodotti**.

I **quiz**, poi, sanno sempre stuzzicare: quante volte ti capita di fermarti almeno per un po' su "Chi vuol essere milionario" mentre fai zapping?

Lo sviluppo di un quiz per gli utenti su un determinato tema è semplice: due strumenti comodi ed utili che utilizzo personalmente e mi sento di consigliarti sono Thinglink e Qzrr.

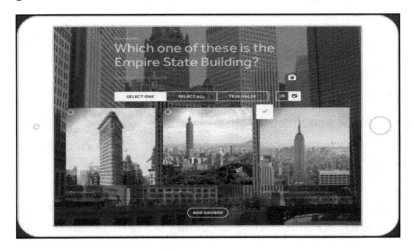

Il comportamento della clientela Target

Il Social Media Marketing funziona solo se le **basi** sono **giuste**. Innanzitutto, è necessario conoscere il proprio target in modo molto preciso: **sesso, età, status, residenza, interessi, situazione lavorativa.** Definisci esattamente chi è il tuo cliente ideale. Vuoi seguire un solo indirizzo generico? Ciò non funzionerebbe: parleresti a tutti e a nessuno, senza volerti vincolare.

Trova uno **pseudonimo** concreto per il tuo target in base al colore dei capelli, alla corporatura, al sesso e all'età.

È un target che hai già stabilito in precedenza e vuoi mantenere, o vuoi ampliare la tua clientela? Desideri avere diversi target per diversi prodotti?

Prova a usare le seguenti domande per **indentificare** il tuo cliente target:

- Qual è il suo **lavoro** e quali sono i suoi **hobby?**
- Si tratta di **bambini** o **adulti?**
- Stile di vita e **status?**
- Quali sono le sue **aspettative?**
- Come si **comporta** sul web?
- È un commentatore **esperto** o un utente **occasionale?**

Nel social web, tuttavia, ci sono dei punti ancora più **importanti:** ad esempio, quali canali sono popolati dal target? Ricerca le **piattaforme social** preferite dal gruppo di persone che hai individuato come target. Se la tua azienda, i tuoi prodotti, le strategie social e il tuo target vanno d'accordo, allora il cliente si sentirà **coinvolto**. Per accertartene leggi i commenti, dai un'occhiata agli studi sull'argomento e controlla i profili dei diversi social promoter.

Oppure, semplicemente, **chiedi** al tuo cliente. Non è particolarmente dispendioso e contribuisce a mostrare il tuo **interesse** nei suoi confronti.

Ecco alcuni utilissimi strumenti d'indagine gratuiti o economici:

* *Umbuzzo*, per condurre sondaggi che contengono più di tre domande;
* *Free Survey Creator*, per porre una semplice domanda, con stile e in modo semplice.

Chi sa porre le domande giuste, scopre non solo su quali **piattaforme** sono frequentate dagli utenti, ma anche come si **comportano** sul web. Eccone alcune:

* Il tuo cliente è un vero **spettatore**?
* Utilizza uno o **più** profili social?
* Commenta e recensisce **attivamente**?
* **Crea** dei video, delle foto-storie o degli articoli di blog?
* Legge e **raccoglie** articoli e newsletter di interesse?
* Cosa **attrae** il tuo target sulle piattaforme social o sui siti?

Per scoprire perché qualcuno preferisca Snapchat, piuttosto che Instagram, piuttosto che Facebook, dai un'occhiata ai commenti e alle analisi, oppure **infiltrati** tra la **concorrenza** e informati sulle attività social e sulle piattaforme che riscuotono maggior **successo**. Hai lo stesso target di un concorrente, e per lui tale target risulta essere attivo? Valuta più da vicino le sue attività e strategie di marketing:

- Quale **strategia** persegue il concorrente?
- Su quali piattaforme **interagisce** l'azienda e con quale risultato?
- Quanto **frequentemente** pubblicano dei post?
- Il concorrente offre dei **video** o addirittura dei video **live**?
- Utilizza lo **storytelling**?
- L'azienda in questione posta articoli **divertenti, ironici** o piuttosto articoli **informativi**?
- Cosa **funziona**? Cosa non funziona?
- Quanto sono **attivi** i fan del concorrente? Questo dato si evince dal numero medio di like, commenti e condivisioni, dividendo il tutto per il numero degli utenti che lo seguono. Per ottenere questo valore in modo sicuro e veloce, si possono utilizzare degli **strumenti appositi**.

Tuttavia, adottare le stesse strategie del concorrente può rivelarsi un'arma a doppio taglio. Gli utenti social vogliono conoscere contenuti **autentici** e individuali. I contenuti **copiati** e individuati come tali dagli utenti portano soltanto *shitstorm*.

L'utilizzo dei Social in Italia dalle aziende

A livello mondiale, la presenza delle aziende sui social media sta aumentando vertiginosamente di anno in anno: ormai avere un account social per promuovere il proprio business è diventato un "must" per non rimanere indietro.

Basta pensare che nel 2019, la percentuale di aziende statunitensi sui social ha raggiunto il 91%. In un'indagine di Hootsuite, l'87% degli intervistati concorda sul fatto che al giorno d'oggi i social media sono importanti per rimanere competitivi e che hanno portato evidenti vantaggi alle aziende rispetto agli anni precedenti.

Quante sono le aziende che utilizzano i social media?

L'osservatorio sui social media dell'università IULM (Istituto Universitario di Lingue Moderne) si occupa dell'indagine statistica **SocialMediAbility**, relativa all'utilizzo dei social media da parte della popolazione e delle aziende italiane.

Vediamo alcuni dati estrapolati dall'edizione dello scorso aprile 2019 su un campione di 720 aziende italiane:

- La percentuale di aziende che è presente sui social è passata dal 73% del 2015 all'80% del 2018;

- Il maggior incremento è stato rilevato per Instagram, seguito da YouTube;
- Le imprese del sud Italia hanno mostrato una minore presenza sui social rispetto al nord;
- In un range 0-10, l'indice di SocialMediAbility è passato da 4 punti (2015) a 5,5 punti (2019).

Questi risultati suggeriscono che il numero delle aziende italiane sui social sta aumentando, ma che questo incremento è molto limitato nel tempo.

Inoltre, da parte delle aziende italiane c'è ancora una mentalità poco consapevole e confusionaria riguardo l'utilizzo dei social.

La definizione del Target

Il **target** è il gruppo specifico di consumatori a cui vuoi indirizzare i tuoi prodotti o servizi. Il nome completo è **target audience**, e rappresenta solo quella parte della massa dei consumatori alla quale il tuo prodotto/servizio è rivolto, per la quale sarebbe utile e che quindi sarebbe disposta ad acquistarlo. Questa parte di consumatori va identificata e studiata per pianificare una strategia di marketing vincente.

Molte persone credono che lanciare una rete ampia sia il modo migliore per catturare più pesci, ma non considerano che i pescatori di maggior successo conoscono il tipo di pesce che hanno intenzione di catturare in anticipo, e predispongono le reti nei luoghi e nei momenti più adatti per non sprecare risorse. Con un mercato di riferimento chiaramente definito, ogni dettaglio di un prodotto o servizio può essere perfettamente adattato alle esigenze e desideri del consumatore. Ciò si tradurrà in clienti incredibilmente soddisfatti, disposti a tornare ad acquistare da te e a parlare bene della tua azienda, e feedback straordinariamente positivi.

Come identificare il target di riferimento?

Un ottimo primo passo per capire chi desidera acquistare dalla tua azienda è identificare chi sta già utilizzando i tuoi prodotti o servizi.

Dovrai raccogliere il maggior numero di **informazioni** sui tuoi **clienti** ed inserire i dati in un database per tracciare tendenze e medie, prendendo in considerazione i seguenti parametri:

- Età e sesso
- Localizzazione
- Lingue parlate
- Interessi personali
- Titolo professionale
- Bisogni e aspirazioni
- Social media utilizzati
- Lingue parlate
- Siti Web preferiti
- Motivazione all'acquisto

Come costruire il profilo del target audience?

1. Identificare le esigenze e le problematiche del tuo target in modo da creare un prodotto o un servizio che avrà un impatto reale sul mercato.

2. Comunicare ed interagire con i clienti, chiedere loro un feedback quando acquistano un prodotto e tenere traccia di ciò che dicono, oppure invitare i clienti a compilare un modulo o un sondaggio in cambio di un regalo, uno sconto o un omaggio. Le recensioni non sono solo informative ma sono anche un ottimo modo per iniziare a costruire la campagna di marketing.

3. Scoprire la concorrenza, visitare i siti web aziendali, controllare i feedback dei social media e persino utilizzare gli strumenti di ascolto dei social online può aiutare a definire il tuo target.

4. I social media sono un ottimo mezzo per immergerti nell'ambiente di lavoro e costruire una comunità per informare il tuo pubblico. Quando inizierai a sviluppare followers per il tuo brand, potrai iniziare a creare sondaggi e concorsi che ti consentiranno di conoscere meglio i tuoi clienti.

Come creare un target audience più redditizio?

1. Scegli un target che condivida le tue passioni e interessi. Questo ti aiuterà a creare contenuti emozionanti e accattivanti, e campagne di marketing basate sull'affinità del brand.

2. Decidere tra clienti B2B (Business-to-business) e B2C (Business to Consumer). Di solito, una società B2C utilizzerà campagne di marketing più "emotive", mentre un marchio B2B sarà più focalizzato nel mostrare il ROI (Return On Investment) del proprio prodotto o servizio.

3. Utilizzare risorse analitiche per migliorare la strategia di marketing. Gli strumenti di analisi forniscono dettagli approfonditi su chi sta visitando il tuo sito Web, da dove proviene e quali sono le sue preferenze. Inoltre può essere utile scoprire quali tipi di persone trascorrono più tempo sul tuo sito web e sui canali social.

Individuare il Social giusto per la tua azienda

Oggigiorno, esistono centinaia di piattaforme social che puoi utilizzare per sviluppare la tua strategia di social media marketing. L'importante è scegliere i social più adatti ai tuoi scopi: non c'è niente di più sbagliato che pensare di dover essere ovunque. Ogni social ha caratteristiche peculiari e, soprattutto, può rivelarsi più idoneo ad un determinato obiettivo. Effettuare una semplice replica dei contenuti su canali diversi senza alcuna logica porta quasi sempre a risultati insoddisfacenti. Diamo quindi uno sguardo ai social network più famosi per capirne le differenze e come scegliere quello che fa per te.

Facebook – È la piattaforma di social media marketing più popolare, con oltre 2 miliardi di utenti uniformemente distribuiti in tutto il mondo. L'ambiente è molto informale e amichevole, per cui è importante che la strategia di marketing non sia aggressiva. È sicuramente la migliore piattaforma per aumentare la visibilità e consapevolezza del tuo brand. Poiché gli utenti inseriscono i loro dettagli personali sulla piattaforma, puoi selezionare il tuo target in base a tali dettagli. Immagina di indirizzare il tuo annuncio non solo in base ai dati demografici, ma anche in base al titolo professionale, all'età dei figli di un utente, al fatto che sono recentemente tornati dalle vacanze ecc. Grazie alla sua enorme popolarità, Facebook è l'unica piattaforma di social media marketing che può essere utilizzata da qualsiasi azienda, indipendentemente dal settore commerciale.

YouTube – E' la più famosa piattaforma video che consente agli utenti di guardare video e/o caricarli. Ha quasi 2 miliardi di utenti attivi mensili, offrendo la possibilità di condividere i contenuti dell'azienda con oltre 30 milioni di utenti attivi al giorno che possibilmente li guarderanno. YouTube è l'unica piattaforma social ad essere di proprietà di Google, e questo favorisce esponenzialmente la visibilità dei suoi contenuti nelle ricerche tramite il browser. Senza dover spendere soldi extra per la pubblicità, i video caricati su YouTube possono avere classifiche di ricerca più alte includendo specifiche parole chiave nel titolo, nella descrizione del video e nell'elenco delle parole chiave.

Twitter - Twitter è un sito di social media su cui è possibile caricare foto e video relativi a notizie, intrattenimento, sport, politica e altro ancora. Ciò che rende Twitter diverso dalla maggior parte degli altri social media è che ha una forte enfasi sulle informazioni in tempo reale. Un'altra caratteristica unica di Twitter è che consente solo 280 caratteri in un tweet (140 per la versione giapponese, coreana e cinese), a differenza della maggior parte dei siti di social media che hanno un limite molto più elevato. Twitter è anche ottimo per coinvolgere nuovi potenziali clienti attraverso l'uso di hashtag. Tramite la ricerca di un hashtag si possono trovare altri post di consumatori e aziende che lo hanno utilizzato. Ciò significa che puoi scoprire se ci sono consumatori che cercano qualcosa che la tua azienda offre e viceversa. Twitter viene spesso utilizzato anche come canale del servizio clienti. Secondo gli inserzionisti su Twitter, oltre l'80% delle richieste di assistenza ai clienti social avviene su Twitter.

Instagram - Con il suo miliardo di utenti, è un'altra piattaforma molto popolare basata principalmente su contenuti multimediali come foto e video. Poiché Instagram è di proprietà di Facebook, i suoi contenuti possono raggiungere gli stessi utenti di Facebook. Il fattore più importante per i marketer di Instagram sono i dati demografici relativi all'età. Se la tua attività si rivolge ad una popolazione giovane di 18-29 anni, Instagram è la piattaforma su cui puntare. Su Instagram troviamo attività commerciali di svariato tipo come ristoranti, abbigliamento e moda, cibo, architettura, tecnologia, designer ecc. La maggior parte degli utenti di Instagram sono fotografi amatoriali, quindi per aumentare la visibilità dei tuoi contenuti dovrai dedicare tempo ed energie per migliorare la qualità delle tue foto e quindi l'apprezzamento da parte del pubblico. Instagram è una piattaforma visiva e questo può funzionare a tuo vantaggio poiché le persone ricordano l'80% di ciò che vedono a differenza di ciò che leggono o ascoltano. Su Instagram è importante mostrare il lato divertente di ciò che stai facendo, postando video emozionanti e accattivanti. Ricorda: lo scopo è quello di attirare l'attenzione delle persone.

LinkedIn - Si autodefinisce la piattaforma "professionale" di social media marketing e conta circa 414 milioni di utenti, il 79% dei quali ha 35 anni o più, rendendo LinkedIn la piattaforma più "vecchia" di questo elenco. I tre settori dominanti sulla piattaforma sono high-tech, finanza e produzione. Le persone usano la piattaforma principalmente per controllare i partner commerciali e trovare lavoro. LinkedIn sta perdendo sempre di più la battaglia di networking aziendale con Google+, tuttavia la maggior parte degli esperti di social media marketing sono convinti che LinkedIn crescerà e prospererà, semplicemente perché è l'unico social network dedicato solo al lavoro e mirato ad instaurare rapporti puramente commerciali: chi utilizza LinkedIn non passa un'ora a sfogliare le foto della ex ragazza o cercare il miglior filtro per i selfie. La piattaforma è per professionisti e riguarda professionisti. È estremamente influente nella ricerca del lavoro, sia per i datori che per i candidati. È ottimo per il networking, e la funzione di condivisione dei contenuti sta migliorando su base settimanale.

Myspace - Probabilmente le nuove generazioni non sanno nemmeno cosa sia o l'hanno a malapena sentito nominare. Myspace è stato uno dei primi social media che ottenne un successo mondiale, in una terra ancora inesplorata tra chat e blog. Myspace originariamente esplose in popolarità dopo il lancio nel 2003 e aiutò a definire una generazione. Tuttavia, la sua popolarità è diminuita sempre di più a causa dell'aumento della popolarità di Facebook, e alla fine è stato venduto diversi anni dopo a Justin Timberlake, cantautore, attore e produttore discografico statunitense, per 35 milioni di dollari. Il ruolo di Myspace nel social media marketing è stato infatti influente soprattutto nel campo musicale e attualmente vanta oltre 53 milioni di canzoni e ben 14,2 milioni di pagine di profili di artisti.

Flickr - Questo social network è stato progettato come portale per il caricamento di foto e piccoli video. Flickr conta 77 milioni di utenti in tutto il mondo e vengono caricate circa 3 milioni di foto al giorno che possono essere commentate e taggate. La tua azienda può sfruttare il potenziale offerto da Flickr per migliorare la visibilità del tuo sito Web. Ad esempio, unendoti ai gruppi esistenti sul portale per costruire relazioni e condividere informazioni sulla tua attività oppure caricando foto con descrizioni e tag appropriati, assicurandoti di includere i nomi delle città nei tag in base alla sede della tua attività. Analogamente ad Instagram, per avere visibilità è importante mantenere uno standard di qualità elevato per le tue foto, sia a livello di qualità di immagine, sia come contenuti che devono catturare l'interesse del pubblico.

Snapchat – È una delle piattaforme Social più giovani e più in rapida crescita che consente agli utenti di inviare "Snapchats" (una foto o un video) direttamente a un altro utente o alla loro Storia di Snapchat. Uno Snapchat inviato direttamente ad un altro utente può essere visualizzato solo una volta, ma uno Snapchat su una storia (come la storia della tua attività) è visibile fino a 24 ore dopo la sua pubblicazione. Se il tuo mercato di riferimento è in gran parte costituito da una fascia demografica più giovane, allora Snapchat potrebbe essere uno dei siti di social media più efficaci. Ci sono oltre 350 milioni di utenti attivi mensili e 203 milioni di utenti attivi ogni giorno su Snapchat e il 71% di questi utenti ha meno di 34 anni. In particolare, quasi la metà dei suoi utenti ha un'età compresa tra 18 e 24 anni. Snapchat offre anche opzioni pubblicitarie che consentono di pagare per avere uno Snapchat collegabile nella sezione Discovery ed incrementare notevolmente la visibilità dei tuoi contenuti.

Pinterest - Se la tua attività rientra in un settore creativo di qualsiasi tipo o si rivolge di più alle donne, allora Pinterest è una piattaforma di social media che dovresti prendere in considerazione. Pinterest ha 291 milioni di utenti attivi mensili, dei quali l'81% sono donne. Il 93% dei "pinner" attivi ha dichiarato di utilizzare Pinterest per pianificare gli acquisti e l'87% ha dichiarato di aver acquistato qualcosa grazie a Pinterest. Ricette alimentari, articoli pratici sullo stile di vita, consigli per matrimoni e idee di abbigliamento sono alcune delle principali ricerche su Pinterest. Pertanto, se la tua attività rientra in uno di questi settori, devi utilizzare Pinterest come uno dei tuoi siti di social media per le aziende. Sebbene la piattaforma pubblicitaria di Pinterest non sia così avanzata come quella di Facebook, puoi comunque utilizzare gli annunci a pagamento per aumentare la copertura dei tuoi post e monitorare le conversioni online che possono essere la visita del sito web o l'acquisto.

TikTok – È un social media relativamente nuovo, lanciato lo scorso 2018. Consente ai suoi utenti di creare i propri video clip di 15 secondi e condividerli. Attualmente ha 1,2 miliardi di utenti in tutto il mondo con 500 milioni di utenti attivi mensili. Con queste cifre ha ormai superato Twitter, LinkedIn e Snapchat, ma sebbene abbia così tanto potenziale per catturare l'attenzione del pubblico ha ancora molta strada da fare quando si tratta di pubblicità. L'unico modo per gli esperti di marketing di utilizzare questa piattaforma per la pubblicità è attraverso gli Influencer. Dal momento che TikTok non è ancora così saturo rispetto ad altri colossi Social come Facebook, Instagram e Twitter, molti marchi ora lo stanno usando per raggiungere il pubblico più giovane della cosiddetta Generazione Z, i nati tra la metà degli anni '90 e la fine degli anni 2000.

La definizione degli obiettivi

Quando si decide di pianificare una strategia di social media marketing, la prima cosa da fare è stabilire gli obiettivi che si desiderano raggiungere. Definire in modo chiaro e conciso gli obiettivi non solo promuoverà la tua strategia, ma servirà anche come parametro di riferimento quando dovrai misurare i tuoi progressi. Per definire i tuoi obiettivi puoi utilizzare il sistema **S.M.A.R.T**: **Specific** (specifici), **Misurable** (misurabili), **Achievable** (raggiungibili), **Relevant** (pertinenti) e **Timely** (tempestivi).
Analizziamo uno alla volta i componenti di tale sistema:

- **Specific:** ciascuno dei tuoi obiettivi sui social media deve essere ben definito, con un risultato specifico, anticipato. Ad esempio, "aumentare la portata dei social media" è un grande obiettivo. Ma cosa significa esattamente? Vuoi 50 followers, 500 o 5.000? E su quale social network? Se l'obiettivo è troppo vago, non saprai mai davvero a cosa stai lavorando. Avendo obiettivi chiari, specifici e non aperti all'interpretazione, risparmierai tempo e fatica e ti avvicinerai alla tua destinazione finale.

- **Misurable:** devi essere in grado di misurare e identificare concretamente i tuoi progressi e constatare se i tuoi sforzi stiano funzionando o meno. Supponiamo tu voglia usare i social come canale per il servizio clienti. Come fai a sapere quanto funziona? Devi avere un modo tangibile e riproducibile per misurare tale miglioramento: quando si tratta di successo, i numeri contano. È importante sapere che hai avuto successo, ma lo è ancora di più sapere *quanto* ne hai avuto.

- **Achievable:** non aspettarti che accada un miracolo sui social media: una crescita pianificata e sostenibile richiede tempo e devi organizzarti di conseguenza perché si realizzi. Ad esempio, se in un anno hai solo 10.000 visitatori del tuo sito Web, non è realistico supporre che nell'anno seguente la tua attività di social media marketing genererà 100 volte quel numero di visitatori. Piuttosto puoi aspettarti un aumento del 20% nel traffico dai canali social, se hai la strategia giusta per farlo.

- **Relevant:** gli obiettivi che stai definendo devono essere strettamente allineati ai tuoi obiettivi aziendali e tener conto delle tendenze attuali nel tuo settore. La domanda da porsi è: questo obiettivo supporta davvero gli scopi, la visione o i valori della tua azienda? Ad esempio, l'aumento del traffico e-mail porterà a maggiori entrate? Se sei a conoscenza di questi fattori, avrai maggiori probabilità di fissare obiettivi a beneficio della tua azienda. In parole povere, assicurati che il tuo obiettivo sia pertinente al successo della tua attività.

- **Timely:** è essenziale dare una scadenza ai propri obiettivi, ad esempio raddoppiare il numero dei followers di Twitter in tre mesi. Dandoti una scadenza, sarai meno propenso a procrastinare e sarai responsabile. Se decidi di investire 2400€ in un anno sui social media per generare il 20% di traffico aggiuntivo per il tuo sito Web, ma dopo il primo trimestre noti che dopo aver speso 600€ sei stato in grado di generare solo il 2% di traffico aggiuntivo, potresti aver bisogno di rivedere le tue campagne di marketing e il tuo target. La definizione di tempistiche da rispettare ti darà risultati migliori.

Il piano strategico di Marketing

Un **piano strategico** di marketing è il processo di pianificazione delle manovre e delle strategie più idonee da attuare in un determinato momento per raggiungere gli obiettivi finali dell'azienda. È il tuo piano di gioco a lungo termine, come raggiungerai le persone, come trasformerai quelle persone in clienti e come hai intenzione di attuare i tuoi piani di marketing.

Perché hai bisogno di una strategia di marketing?
È una tabella di marcia per te, per il tuo team e per la tua attività da seguire. Ti aiuterà a misurare i risultati rispetto ai tuoi obiettivi e ad identificare il target più appropriato.
La tua strategia di marketing deve:

- Spiegare i tuoi obiettivi e come li perseguirai;
- Formalizzare idee e concetti;
- Identificare il tuo target audience tenendo conto del potere d'acquisto, di aspetti comportamentali e demografici;
- Definire come commercializzare i tuoi prodotti e servizi;
- Aiutarti ad ottenere finanziamenti.

Per avere successo è necessario:

- Acquisire nuovi clienti;
- Aumentare le vendite;

- Supportare il lancio di nuovi prodotti e servizi;
- Consolidare il proprio brand e aumentare la quota di mercato;
- Confermare l'identità del brand;
- Ridurre l'abbandono e rafforzare la fedeltà dei clienti;
- Supportare il lancio di campagne pubblicitarie.

Come elaborare il tuo piano strategico di marketing?

1. Condurre un'analisi SWOT

Un piano strategico di marketing deve identificare la posizione dell'azienda nel mercato attuale. Questo può essere effettuato tramite un'analisi **SWOT** (Strengths, Weaknesses, Opportunities, Threats) che serve ad analizzare appunto i punti di forza, i punti deboli, le opportunità e le minacce dell'azienda in modo da contestualizzarla nel presente ed avere una visione chiara delle prospettive future.

Un'analisi SWOT dell'azienda deve considerare:

- Punti di forza interni, come risorse, talento ed esperienza;
- Debolezze interne, come budget o vincoli temporali;
- Organizzazioni competitive;
- Cambiamenti nei processi aziendali e nella tecnologia aziendale;
- Trend di mercato.

L'importanza della pianificazione strategica del marketing è che consente alle aziende di avere una visione completa delle possibilità che ti attendono, tenendo conto sia dei fattori interni che di quelli esterni. Questa è una solida base su cui costruire un piano di marketing strategico.

2. Definire gli obiettivi di marketing della tua azienda

Nel piano di marketing strategico, è fondamentale specificare gli **obiettivi** che l'azienda vuole raggiungere. Ciò può includere il raddoppio delle entrate, l'ingresso in un nuovo mercato o il mantenimento della crescita al 25% ogni anno. Questi obiettivi devono guidare le strategie di marketing e i piani tattici. È indispensabile che gli obiettivi di marketing siano allineati con obiettivi aziendali più grandi, altrimenti le attività di marketing avrebbero un impatto limitato sul successo dell'azienda. Ad esempio: se l'obiettivo dell'azienda è quello di entrare in un nuovo mercato, un obiettivo di marketing corrispondente potrebbe essere quello di aumentare il riconoscimento e la popolarità del marchio in quel nuovo mercato. La società non può vendere a nuovi potenziali clienti che non hanno familiarità con il marchio o il prodotto.

3. Ricerca delle opportunità del mercato

Al fine di creare un utile piano di marketing strategico, l'azienda deve ricercare i trend nel mercato attuale, tenendo in considerazione le cosiddette **4P** del marketing mix: **product, price, place, promotion**. Questa ricerca può rivelare all'azienda informazioni essenziali, ad esempio che una determinata area del mercato è fortemente satura di prodotti, e di conseguenza sarà difficile prendersi una fetta di quel mercato. Allo stesso modo, la società potrebbe venire a conoscenza di un diverso segmento di mercato dove la concorrenza non è molto presente, a cui potrebbe essere vantaggioso accedere.

4. Identificare il mercato di riferimento

Il piano strategico di marketing deve rispondere nello specifico alla domanda "**chi**": *chi* sono i consumatori dei tuoi prodotti e servizi?

Per rispondere a questa domanda sarà necessario condurre ricerche per accertare l'età, il sesso, il reddito e l'occupazione del target. Oltre ai dettagli demografici, dovrai considerare gli aspetti comportamentali. È importante stabilire:

- Quali problemi stanno cercando di risolvere i tuoi potenziali clienti?
- Cosa temono accadrà se non riescono a risolvere quel problema?
- Cosa succederà se risolveranno quel problema con il tuo aiuto?

È essenziale estrapolare queste informazioni per capire come puoi aiutarli. Ad esempio, se vendi sciarpe ricamate a mano, il tuo obiettivo sarà aiutare i tuoi potenziali clienti a trovare accessori di lusso unici ad un prezzo accessibile che non potrebbero trovare altrove.

5. Stabilire il marketing mix

Il marketing mix serve come base per qualsiasi strategia di marketing. Descrivi i seguenti elementi nel tuo piano:

- **Prodotto**: cosa stai vendendo e quale sarà il packaging che userai per catturare l'attenzione del tuo potenziale cliente;
- **Prezzo**: quanto il consumatore è disposto a pagare per questo prodotto, che allo stesso tempo ti consenta di realizzare il profitto desiderato;
- **Luogo**: dove effettuerai la vendita, in un negozio fisico oppure uno online;
- **Promozione**: come comunicherai i vantaggi del tuo prodotto ai potenziali clienti (pubblicità, marketing diretto, promozione delle vendite, vendite personali o pubbliche relazioni).

6. Messaggio del tuo marchio

Nel piano strategico di marketing, dovrai definire il valore del tuo prodotto o servizio. È fondamentale sviluppare una proposta di valore unica che specifichi ciò che la tua azienda offre ai potenziali clienti. Assicurati di elencare da tre a cinque elementi unici sulla tua attività che ti aiuteranno a distinguerti dalla concorrenza e attirare i potenziali clienti.

7. Definire le tattiche di marketing

Stabilisci le diverse attività di marketing che vuoi attuare, definendo programmi, budget e risorse. Devi assicurarti che le tue attività siano in linea con gli obiettivi inizialmente stabiliti nel processo di pianificazione strategica del marketing. I tuoi piani tattici devono specificare come lo farai.

Quali social media utilizzerai? Quanto ci vorrà e quanto costerà? Chi eseguirà il piano?

8. Creare benchmark per misurare il successo

Al fine di accertare se il tuo piano di marketing ha avuto successo, è importante misurare costantemente le attività di marketing in riferimento agli obiettivi iniziali della tua azienda, che ti consentirà di dire se e come hai raggiunto i tuoi obiettivi. Assicurati di stabilire delle tempistiche per le tue metriche, ad esempio decidi se effettuare le misurazioni mensilmente o settimanalmente.

Come definire un piano editoriale

Un **piano editoriale** è una tabella di marcia strategica che ti consentirà di sfruttare varie risorse, strumenti e contenuti per soddisfare il tuo business, raggiungere il target prestabilito e soddisfarne le esigenze. È uno strumento che ti aiuterà ad organizzare i contenuti creati (sui Social, blog o sito web aziendale), decidere che tipo di contenuti pubblicare, su quali canali online e con quale frequenza. Un piano editoriale ti consentirà di:

- Contraddistinguere all'interno del mercato il tuo brand, la tua azienda o il tuo sito;
- Supportare i professionisti del settore con contenuti informativi di alto livello;
- Aumentare il traffico sul tuo sito web con l'obiettivo di convertire le persone che ti seguono in clienti;
- Aumentare la consapevolezza del tuo prodotto o servizio;
- Fidelizzare i clienti.

Vediamo quali sono i punti chiave per definire un piano editoriale.

Stabilire il target - Senza un pubblico, i tuoi contenuti non hanno uno scopo preciso e i tuoi obiettivi difficilmente saranno raggiungibili. Per quanto i post che pubblichi siano elaborati e di alta qualità, se nessuno li legge il tuo lavoro rimarrà fine a se stesso. Se non selezioni il pubblico giusto a cui mostrarli, i tuoi contenuti risulteranno confusi o inutili e non favoriranno il coinvolgimento e le conversioni.

Ad esempio, considera un sito web creato per pubblicare notizie sulle innovazioni dei dispositivi medici. Il sito potrebbe offrire un servizio di abbonamento premium che fornisce un'analisi approfondita su migliaia di dispositivi medici sul mercato, ma se non sta attirando medici, fisioterapisti e altri professionisti del settore, probabilmente stai mirando al *bersaglio* sbagliato: letteralmente, "target" significa bersaglio, ed è meglio accertarsi di aver preso una buona mira prima di avviare campagne.

Definizione del contenuto - Il tuo scopo è quello di attrarre il target e soddisfare le sue esigenze. Che cosa hai intenzione di offrirgli? Perché stai creando questo specifico contenuto? È attinente al tuo marchio, alla tua azienda o al prodotto/servizio che stai offrendo?

È importante rispondere a queste domande e far sì che le risposte siano in linea con i tuoi obiettivi.

Brainstorming sugli argomenti dei contenuti

In questa fase dovrai elencare gli argomenti dei tuoi contenuti e le modalità con cui li pubblicherai. Lo scopo è quello di raccogliere il maggior numero di idee senza però essere macchinosi, l'importante è delineare i concetti di base che possono successivamente supportare la tua strategia editoriale.

Sapere dove risiederà il contenuto - Devi stabilire un piano per decidere dove pubblicare i tuoi contenuti. Avrai un sito web con un blog o pensi di pubblicare tutto il contenuto tramite social media? Una buona strategia è quella di integrare i diversi mezzi a disposizione tra cui blog, social media user-friendly come Facebook, Instagram e Snapchat, reti professionali come LinkedIn e piattaforme video come YouTube.

Misurare le prestazioni - È importante quantificare esattamente i risultati del successo, altrimenti non saprai se l'hai raggiunto o se devi apportare cambiamenti alla tua strategia di marketing. Per quantificare i risultati dei tuoi sforzi devi impostare obiettivi specifici che possano essere misurati.

Creare una campagna di Social Media Marketing

Una **campagna** di social media marketing è l'insieme delle attività, coordinate dall'azienda, mirate a diffondere e rafforzare le informazioni e la consapevolezza di un brand, di un prodotto o di un servizio, utilizzando almeno una piattaforma di social media.

L'ingrediente chiave per una campagna di social media marketing è avere una strategia.

Senza una strategia, potresti pubblicare post senza capire quali sono i tuoi obiettivi, chi è il tuo pubblico di destinazione e cosa vuole. In questo modo sarà difficile ottenere risultati.

Uno dei modi più efficaci per creare la tua strategia di social media marketing è applicare il metodo delle **5W**:

- WHY?
- WHO?
- WHAT?
- WHERE?
- WHEN?

Il metodo delle 5W è comunemente utilizzato in ambito giornalistico per parlare della notizia in modo completo, chiaro e oggettivo, ma può essere applicato alla creazione di una strategia di marketing, in particolare nell'ambito della pubblicità digitale. L'obiettivo è quello di porsi le domande giuste per ottenere le informazioni necessarie per avere successo.

1. WHY? Perché la tua azienda vuole essere sui social media?

La prima domanda a cui rispondere è: perché? Quali sono i tuoi obiettivi sui social media? Sei sui social media per promuovere i tuoi prodotti? Per indirizzare il traffico al tuo sito Web? O per servire i tuoi clienti? Questi sono alcuni degli obiettivi che potresti avere sui Social:

- Aumentare la consapevolezza del tuo brand;
- Indirizzare il traffico verso il tuo sito web;
- Generare nuovi contatti;
- Aumentare le entrate (aumentando le iscrizioni o le vendite);
- Promuovere il coinvolgimento del tuo marchio;
- Costruire una comunità attorno alla tua attività;
- Fornire un servizio clienti ;
- Fidelizzare i clienti;
- Ottenere feedback sul tuo marchio.

Probabilmente avrai più di un obiettivo sui social media e questo va più che bene, però ricorda, a meno che tu non disponga di un team di professionisti che possano gestire obiettivi diversi, è buona cosa selezionare quelli essenziali per il raggiungimento dei tuoi scopi. Volere troppo e non avere le risorse per farlo può essere controproducente.

2. WHO? Chi è il tuo target audience?

Una volta che hai capito il perché, la prossima cosa da considerare è il tuo pubblico di destinazione. Comprendere il tuo pubblico di riferimento ti aiuterà a rispondere più facilmente alle domande su cosa, dove e quando intendi pubblicare. Ad esempio, se la tua azienda si occupa di viaggi e lifestyle, probabilmente il tuo target amerà scoprire nuovi luoghi e avere consigli di viaggio, quindi potresti condividere tali contenuti sui tuoi profili Social.

Un ottimo metodo per identificare il tuo target è ancora una volta quello di utilizzare le 5W.

- Chi sono? (Titolo professionale, età, sesso, stipendio, località, ecc.)
- A cosa sono interessati? (Intrattenimento, contenuti educativi, informazioni su nuovi prodotti, ecc.)
- Su quali siti online si recano? (Facebook, Instagram, ecc.)
- Quando effettuano le ricerche? (Nel fine settimana, durante il giorno, alla sera ecc.)
- Perché cercano quel tipo di contenuto? (Per migliorare nel proprio lavoro, per mantenersi in salute, per rimanere aggiornati su qualcosa, ecc.)

3. WHAT? Che cosa hai intenzione di pubblicare?

Per rispondere a questa domanda devi individuare quali sono gli argomenti dei contenuti che vuoi condividere con il tuo pubblico.

Una buona strategia è quella di pubblicare sui social più di un tema principale in modo da mantenere elevato il grado di interesse del pubblico.

Ad esempio, un brand per outdoor e campeggio potrebbe pubblicare sulla propria pagina Facebook contenuti editoriali e foto di alta qualità di tende e attrezzatura da campeggio.

Chiediti sempre:

- Quali obiettivi e problematiche ha il tuo pubblico?
- Come puoi aiutarlo a risolverli?

4. WHERE? Dove andrai a pubblicare i tuoi contenuti?

In altre parole, devi stabilire su quali piattaforme di social media il tuo brand deve essere presente.

Prima di proseguire, ricorda che il tuo marchio non deve essere su tutte le piattaforme. Selezionando in maniera mirata i social da utilizzare, riscuoterai maggiore attenzione da parte del pubblico e più tempo da dedicare alla creazione di contenuti migliori. *Per decidere quali social usare è importante avere una visione completa delle varie piattaforme, in particolare delle cosiddette "Big Four"*: Facebook, Instagram, Twitter e LinkedIn, poiché spesso si presentano sulla prima pagina dei risultati di ricerca di Google quando le persone cercano il tuo brand.

Anche in questo caso, la comprensione del tuo target torna utile: su quali piattaforme è più attivo? Cosa lo spinge a visitarle?

Considera anche che alcune piattaforme si prestano bene a determinati tipi di contenuto. Ad esempio, le foto sono fantastiche su Instagram, mentre i video di lunga durata sono più adatti a YouTube.

5. WHEN? Quando hai intenzione di pubblicare?

L'ultima parte fondamentale della tua strategia è capire quando vuoi condividere i tuoi contenuti. Prima di decidere esattamente a quale ora del giorno e in che giorni della settimana desideri pubblicare, considera i comportamenti del tuo target: ad esempio, controlla quando è solito utilizzare i social media per fare in modo che trovi il tipo di contenuto che condividerai.

Gli appassionati di sport sono probabilmente sui social media poco prima, durante e subito dopo gli eventi sportivi per trovare e interagire con i contenuti dell'evento. Gli atleti potrebbero essere su Instagram mentre si stanno rinfrescando dopo i loro allenamenti mattutini o serali. Le persone che amano viaggiare potrebbero essere più attive sui social media durante i fine settimana quando stanno pianificando il loro prossimo viaggio.

Da questi pochi esempi è facile intuire che non esiste una regola universale per stabilire quando pubblicare i tuoi contenuti, perché dipende molto dal tuo target e dalle sue abitudini: in questa fase quindi sarà importante ricercarle ed analizzarle.

Come mettere in pratica la tua campagna di social media marketing?

Una volta che hai trovato le risposte alle 5W, puoi iniziare la campagna di social media marketing vera e propria.

Quali social usare?

Dovresti scegliere i social network che meglio si adattano alla tua strategia e agli obiettivi che desideri raggiungere. Come prima cosa puoi analizzare i dati demografici dei social media, ad esempio confrontando le statistiche riportate da **Pew Research**.

US Adults' Social Platform Use, by Demographic Group   marketing charts

% of US adults who use:	YouTube	Facebook	Instagram	Pinterest	LinkedIn	Snapchat	Twitter	WhatsApp	Reddit
Total	73%	69%	37%	28%	27%	24%	22%	20%	11%
Men	78%	63%	31%	15%	29%	24%	24%	21%	15%
Women	68%	75%	43%	42%	24%	24%	21%	19%	8%
Non-Hispanic White	71%	70%	33%	33%	28%	22%	21%	13%	12%
Non-Hispanic Black	77%	70%	40%	27%	24%	28%	24%	24%	4%
Hispanic	78%	69%	51%	22%	16%	29%	25%	42%	14%
Ages 18-24	90%	76%	75%	38%	17%	73%	44%	20%	21%
Ages 25-29	93%	84%	57%	28%	44%	47%	31%	28%	23%
Ages 30-49	87%	79%	47%	35%	37%	25%	26%	31%	14%
Ages 50-64	70%	68%	23%	27%	24%	9%	17%	16%	6%
Ages 65+	38%	46%	8%	15%	11%	3%	7%	3%	1%
HHI: <$30k	68%	69%	35%	18%	10%	27%	20%	19%	9%
HHI: $30-75k	75%	72%	39%	27%	26%	26%	20%	16%	10%
HHI: $75k+	83%	74%	42%	41%	49%	22%	31%	25%	15%
High school or less	64%	61%	33%	19%	9%	22%	13%	18%	6%
Some college	79%	75%	37%	32%	26%	29%	24%	14%	14%
College+	80%	74%	43%	38%	51%	20%	32%	28%	15%
Urban	77%	73%	46%	30%	33%	29%	26%	24%	11%
Suburban	74%	69%	35%	30%	30%	20%	22%	19%	13%
Rural	64%	66%	21%	26%	10%	20%	13%	10%	8%

Published by MarketingCharts.com in April 2019 | Data Source: Pew Research Center

Based on telephone surveys conducted 1/8-2/7/19 among a national sample of 1,502 adults (18+)

Confronto affiancato dei dati demografici degli utenti delle princi-pali piattaforme di social media. Fonte: Pew Research Center

Compila correttamente i tuoi profili

Devi assicurarti di completare e aggiornare la tua foto del profilo, foto di copertina, biografia e informazioni. Un profilo completo mostra professionalità, coerenza del marchio e voglia di coinvolgere il pubblico.

Trova la "voce" e il "tono" del tuo brand

La **voce** si riferisce alla personalità e ai valori della tua azienda, ciò che vuole comunicare al pubblico.

Il **tono** rappresenta la modalità con la quale la tua azienda comunica il suo messaggio al pubblico e varia in funzione dei diversi contesti.

La voce è la dichiarazione della tua missione, il tono è come porterai a termine quella missione.

Per trovare una voce e un tono al tuo marchio puoi provare a porti le seguenti domande:

- Se il tuo marchio fosse una persona, che tipo di personalità avrebbe?
- Quale sarebbe il suo rapporto con il consumatore?
- Ci sono aziende che hanno una personalità simile alla tua? Perché sono simili?
- Cosa desideri che i tuoi clienti pensino della tua azienda?

Dopo aver risposto a queste domande, prova a pensare a quali aggettivi descrivono la voce e il tono del tuo brand.

Scegli la tua strategia di pubblicazione

Senza contenuti, non puoi creare una solida strategia di Social Media Marketing: devi stabilire quali tipi di contenuti pubblicare, quando pubblicarli e con quale frequenza. Tuttavia, queste domande non hanno una risposta universale poiché esistono numerose variabili che possono indirizzarti verso scelte diverse. Queste variabili dipendono in buona parte dal tuo target, quindi considera tutte le informazioni che hai ottenuto grazie all'analisi delle 5W precedentemente effettuata.

Dovrai scegliere una vasta gamma di contenuti coinvolgenti, educativi, interessanti e di alta qualità per rafforzare la tua presenza sui social, raggiungere il tuo target e convertirlo in clienti. Esistono molti tipi di contenuti tra cui scegliere, come immagini, video, testo, collegamenti e podcast. Assicurati che i contenuti che condividi siano pertinenti al social utilizzato e siano in linea con le esigenze, le aspettative e gli interessi del tuo pubblico. Una volta stabilito il tipo di contenuto, devi decidere quando pubblicare e con quale frequenza. Anche in questo caso, le 5W ti aiuteranno a trovare le risposte giuste, infatti sapendo gli orari e i giorni della settimana in cui gli utenti sono maggiormente online, puoi decidere il momento più opportuno per pubblicare i tuoi contenuti. Per aiutarti ad essere regolare e puntuale con le pubblicazioni puoi utilizzare uno dei numerosi calendari editoriali disponibili online.

Misura le tue prestazioni

Per sapere se hai raggiunto i tuoi obiettivi e per migliorare la tua strategia è necessario misurare le prestazioni della tua campagna di Social Media Marketing. In particolare, dovrai misurare:

- Il tasso di conversione
- Il numero di menzioni del tuo brand
- Quante persone hanno raggiunto il brand
- Il grado di coinvolgimento del pubblico
- La consapevolezza del tuo brand

Quasi tutte le principali piattaforme social offrono strumenti integrati di analisi, tuttavia puoi decide di utilizzare strumenti di analisi disponibili nel web per ottenere informazioni dettagliate sulla tua campagna di Social Media Marketing.

45

Il potere seduttivo del Digital Storytelling

Storytelling significa letteralmente *raccontare una storia*. Nel marketing, "raccontare una storia" quando si condivide un prodotto può essere particolarmente rilevante per entrare in sintonia con il cliente, attrarlo nel contesto e stimolarne l'esperienza d'acquisto.

A differenza della narrazione "tradizionale", dove le storie vengono raccontate con immagini, disegni o testi, il **digital storytelling** utilizza anche e soprattutto tutti gli strumenti digitali oggi disponibili (video, immagini, animazioni gif, canali social, ecc.)

Uno dei punti chiave del digital storytelling è creare un collegamento con il pubblico: i consumatori di solito concepiscono i marchi come entità intoccabili, al di fuori della portata del "popolo comune". Di conseguenza, le aziende spesso risultano estranee al pubblico, inaffidabili, ostacolando gli sforzi dei marketer nel farle apparire autentiche. Le storie toccano i sentimenti delle persone, ispirandole ad interagire con il marchio, creando un legame emotivo.

Un punto di forza del digital storytelling è la semplificazione di messaggi complessi: come puoi catturare l'attenzione di un utente in pochi secondi, considerando l'ambiente frenetico in cui si muove? Le storie forniscono un modo efficace per eludere questa barriera: in una manciata di secondi puoi raccontare la storia emozionante del tuo marchio e catturare l'attenzione del pubblico.

Un altro aspetto fantastico ripreso dal digital storytelling è la capacità di avvicinare le persone tramite concetti comuni che risultano familiari (e idealmente, suscitino anche nostalgia): eroe/eroina, ricerca, superamento di ostacoli e vittoria.

Cosa rende una storia bella ed emozionante?

Le "migliori" storie si distinguono per essere:

- **Universali**: tutti i lettori possono relazionarsi con i personaggi e sono in grado di mettersi nei loro panni mentre si avventurano nelle loro ricerche;

- **Durature**: la storia verrà tramandata nel tempo alle generazioni successive;

- **Avvincenti**: tiene il lettore agganciato al racconto: "Cosa succederà dopo?";

- **Ben strutturate**: riescono a trasmettere il messaggio centrale in modo chiaro e definito.

Come costruire la tua storia?

- **Definisci il tuo messaggio chiave**: prima di liberare la tua immaginazione con formati, lunghezza e idee di design, devi definire il messaggio centrale della tua storia. Lavora per riassumere il concetto in 7-10 parole; se non ci riesci, il messaggio non è ancora chiaro;

- **Conosci il tuo pubblico**: chi vorrebbe ascoltare la tua storia? Come reagirebbero al messaggio? Studia il tuo mercato di riferimento, definisci i tuoi acquirenti e condividi ogni storia con il segmento di pubblico appropriato;

- **Decidi quale storia raccontare**: costruisci la tua storia tenendo a mente la reazione che desideri suscitare nel tuo target;

- **Trasmetti i valori del tuo marchio**: usa personaggi e trame familiari per facilitare la comprensione del tuo messaggio e coinvolgere il pubblico;

- **Trama stimolante**: racconta come i tuoi personaggi hanno completato con successo l'impresa in modo che i lettori possano fare altrettanto.

Come creare contenuti efficaci

La creazione di **contenuti** è un elemento vitale nelle strategie di marketing contemporanee, ma anche se ormai quasi il 90% di tutte le aziende si occupa di commercializzare contenuti di un certo livello, pochi riescono a produrre contenuti virali condivisi dagli utenti di Internet. Senza questo livello di coinvolgimento, il contenuto difficilmente può raggiungere l'obiettivo desiderato. Per creare contenuti che siano apprezzati dal pubblico target, per prima cosa bisogna chiedersi: cosa motiva gli utenti a condividere contenuti?

Esistono team di ricerca che si occupano della questione: i ricercatori hanno scoperto una serie di fattori psicologici che ispirano le persone a impegnarsi in attività online.

Approvazione sociale: le persone adorano esprimere le proprie attitudini e ricevere feedback positivi dalla propria cerchia di amici e conoscenti.

Comunicazione: gli esseri umani sono esseri sociali. Vogliamo tutti coltivare relazioni con altre persone e i contenuti digitali ci consentono di farlo più facilmente e frequentemente.

Condivisione di idee: i social media vengono spesso utilizzati per condividere idee, opinioni politiche, credenze personali ecc. In questo modo, gli utenti hanno la possibilità di confrontarsi e sentirsi parte della collettività.

Intrattenimento: durante un viaggio, nelle pause di lavoro, alla fine della giornata, molte persone usano i social media per rilassarsi visualizzando contenuti divertenti che includono umorismo, meme, video, musica e altro. Quali accorgimenti puoi utilizzare per mantenere elevato il grado di coinvolgimento da parte del pubblico?

1. Creare contenuti di alta qualità

Questo può sembrare il punto più ovvio ma spesso viene sottovalutato. Ricorda: i contenuti condivisibili sono sempre contenuti di alta qualità. Se ti concentri su argomenti superficiali e non investi abbastanza tempo nella ricerca o nella creazione di contenuti di qualità, non puoi aspettarti che i tuoi followers siano interessati e coinvolti. Questo è uno dei motivi per cui oggigiorno stanno riscuotendo enorme successo i contenuti "**longform**", caratterizzati da un'elevata qualità e una lunghezza particolarmente rilevante che non deve essere inferiore alle 1000 parole.

Lo sviluppo di contenuti può richiedere tempo e fatica: per fortuna esistono sul web risorse di facile utilizzo che possono venirci in aiuto. Vediamone qualcuna:

- **Blog Title Generator**: questo strumento ti mostrerà l'elenco degli argomenti più rilevanti in una determinata nicchia.

- **Headline Analyzer**: l'headline (ovvero il titolo) è la prima cosa che i tuoi lettori notano e devi trovare una soluzione accattivante e intrigante. L'Headline Analyzer è uno strumento online che ti dirà se ci sei riuscito.

- **Essaysontime:** se ritieni che la creazione di contenuti longform sia fuori dalla tua portata, puoi sempre chiedere aiuto ad un servizio di scrittura composto da un team di ricercatori, writers e proofreaders.

2. Creare una struttura chiara e intuitiva

Gli utenti di Internet leggono molto rapidamente e nulla li distoglie dalla lettura più di un "muro di testo". Formatta i tuoi contenuti in modo intelligente utilizzando i paragrafi, gli elenchi numerati, gli elenchi puntati e le intestazioni per evidenziare facilmente i punti di informazione chiave.

3. Crea contenuti che valorizzano il tuo pubblico

Se i tuoi lettori e clienti non riescono a mettere in pratica le tue parole e non sono in grado di trarre beneficio da ciò che pubblichi, avere contenuti di alta qualità non serve a molto. Un obiettivo primario del contenuto è risolvere i problemi degli utenti e mostrare come risolverli; questo accrescerà la fedeltà al tuo brand e farà ritornare i clienti. Sii quindi il più chiaro possibile e cerca di rispondere alle esigenze del target: averlo analizzato a fondo ti aiuterà anche in questo.

4. Conosci il tuo pubblico

Prima di creare o condividere contenuti, pensa al tuo target: chiediti se è qualcosa che gli farebbe piacere vedere anche quando è stanco e vorrebbe condividerlo con i suoi amici. Una volta che hai delle idee, puoi persino sondare il tuo pubblico per generare commenti e avviare un dibattito. Questo non solo crea coinvolgimento, ma ti dà una visione chiara di ciò che vogliono.

5. Crea infografiche

L'infografica è una forma di comunicazione semplice ed efficace tramite cui puoi mostrare una serie di dati o informazioni usando diagrammi, schemi e immagini. Gli utenti di Internet apprezzano particolarmente le infografiche perché, rispetto ad un testo, un'immagine è più intuitiva nella comprensione ed è più facile tenerla a mente.

6. Emoziona il tuo pubblico

Alcune delle campagne di marketing di maggior successo sono diventate virali perché hanno suscitato forti reazioni emotive tra gli utenti. Come abbiamo visto nel capito precedente, una delle strategie più efficaci per stimolare l'emotività delle persone è l'utilizzo del digital storytelling, cioè creare una storia emozionante che rac-

conti il tuo brand. Questo farà aumentare vertiginosamente il coinvolgimento da parte degli utenti e il tuo
marchio risulterà affidabile e autentico.

7. Ricorda i bei vecchi tempi

Parlando di emozioni, non dimenticare mai la nostalgia.
Gli utenti apprezzano universalmente i contenuti che rie-
vocano vecchi ricordi e se analizzi il tuo pubblico con
precisione, saprai come coinvolgerlo con i contenuti
giusti. Puoi prendere ispirazione dalla campagna di Mi-
crosoft quando ha lanciato uno spot anni '90, rivolto ai
Millennial, per promuovere il nuovo browser Internet
Explorer; la pubblicità ha riscosso un successo mondiale
tra tutti gli utenti del Web.

8. Offri degli incentivi

"La gente ama le cose gratis". È un dato di fatto e puoi
occasionalmente utilizzarlo per aumentare l'interesse
per i tuoi prodotti o servizi. Spesso le pagine dei social
media offrono omaggi se gli utenti invitano a condividere, mettere Like o seguire una pagina. Questo può creare un effetto a catena che porterà a ricompense molto
più grandi degli investimenti.

9. Sfrutta gli argomenti di tendenza

Rimanere aggiornati sugli argomenti di tendenza è obbligatorio per tutti gli esperti di marketing. Dovresti sempre seguire le ultime notizie del settore e utilizzarle per creare contenuti condivisibili quando appropriato.

10. Organizza concorsi

I concorsi sono un ottimo modo per coinvolgere il tuo pubblico e ispirarlo a condividere i tuoi contenuti. Gli utenti amano competere e di solito lo fanno con i loro amici e colleghi. Ciò che serve è una bella idea e un po' di budget per lanciare il concorso.

11. Usa contenuti video

Come abbiamo visto in precedenza, i video stanno rapidamente diventando la forma dominante di contenuti online. Di conseguenza, per raggiungere i tuoi obiettivi è inevitabile utilizzarli come parte integrante della tua strategia di marketing.

Copywriting per il Social Web

Il **copywriter** è quella figura professionale che si occupa anche della realizzazione di slogan, headline e contenuti per pubblicità, utilizzando la dialettica come strumento per influenzare i consumatori ad agire in un determinato modo, invogliando l'acquisto di prodotti e servizi offerti da un'azienda. Il copywriting è una forma di scrittura altamente persuasiva al servizio del marketing.

Perché il copywriting è così importante sui social media?

Il copywriting ti aiuterà a conquistare il cliente ideale, invogliandolo a:

- Mettere "Like" o seguire la tua pagina;
- Commentare le tue pubblicazioni;
- Comprare il tuo prodotto.

Puoi convincere un cliente a compiere l'azione che desideri instaurandoci una connessione emotiva. Ma come si fa?

Devi differenziare la tua attività dalla concorrenza: il tuo pubblico è probabilmente stanco della pubblicità costante e dei tentativi di vendita mentre naviga sui propri account di social media. Il tuo obiettivo è quello di far sentire unici i tuoi followers e trattare il tuo marchio e il tuo pubblico come se fossero la stessa persona.

Vediamo nella pratica alcune formule vincenti di copywriting.

Formula PAS

Una delle tecniche di copywriting più popolari è la formula PAS. Questa formula ti aiuterà a pubblicare post mirati a convincere il tuo cliente ideale. È molto efficace sui social media e anche durante la composizione di e-mail. L' acronimo PAS indica: **Problem, Agitate, Solve.**

- **Problem:** quali sono le preoccupazioni del tuo pubblico? Il primo passo da fare è comprendere i problemi che il pubblico deve affrontare. Questo è il cuore di ciò che fa un buon copywriter.
- **Agitate:** dopo aver identificato il problema, devi sollevarlo e portarlo all'attenzione del tuo pubblico. "Agitalo" in modo che risuoni nel cuore di chi legge. Più vividamente dipingi le problematiche che affliggono le persone, più dimostri di capirle. Mentre qualcuno legge la tua descrizione, deve essere in grado di identificarsi in quello che dici, in modo da potersi fidare di te. Il trucco è non agitare troppo, non lasciare che il tuo lettore si crogioli nella disperazione. Devi mostrargli una via d'uscita: la tua.
- **Solve:** questo è il momento in cui si rivela la soluzione al problema e si valorizza il prodotto.

La chiave del successo di questa formula è l'empatia, che deve essere bilaterale. Sia tu che il tuo pubblico dovete essere in sintonia l'uno con l'altro, come quando due amici si confidano condividendo i problemi che li affliggono.

A.I.D.A. (Attenzione, Interesse, Desiderio, Azione)

Un altro classico: è simile alla formula precedente ma fornisce un chiaro percorso per suscitare l'interesse di qualcuno e indirizzarlo verso un'azione specifica.

- Attira l'**attenzione** del pubblico, ad esempio utilizzando headlines accattivanti;
- Accendi il loro **interesse**, fornendo alcuni dettagli per renderli interessati a saperne di più;
- Genera **desiderio** mostrando al tuo lettore quanto la sua vita potrebbe migliorare grazie al tuo prodotto;
- Invita il tuo pubblico all'**azione** per saperne di più.

Formula delle 4 C (Chiaro, Conciso, Convincente, Credibile)

Questa formula è vincente per la sua semplicità e immediatezza. Descrive anche quali dovrebbero essere idealmente la maggior parte dei post sui social media.

- **Chiaro.** Evita l'uso di strutture linguistiche o di frasi troppo complesse;
- **Conciso.** Cerca di non essere prolisso, gli utenti del web vogliono arrivare dritti al punto;
- **Avvincente.** Sii interessante e pertinente alle richieste del pubblico;
- **Credibile.** Assicurati che gli argomenti dei tuoi contenuti rappresentino realmente la tua attività.

Come fare copywriting su Facebook, Twitter e Instagram?

Facebook - Dati statistici dimostrano che i post di Facebook con 80 caratteri o meno ricevono un coinvolgimento maggiore del 66%. Quindi cerca di pubblicare testi concisi, che ti consentiranno anche di concentrare qualsiasi contenuto visivo che lo accompagna. Promuovi i tuoi contenuti esterni (blog, report o video) accompagnandoli sempre con un breve testo che attiri l'attenzione e che segnali di cosa tratta il contenuto.

Twitter - Il pubblico di Twitter cerca informazioni immediate da leggere e condividere. Usa poche parole, altrimenti rischi di non avere alcuna interazione con gli utenti. Gli hashtag sono il tuo miglior alleato, ti aiuteranno a raggiungere più persone ma ricorda di usarne al massimo due per post.

Instagram - La fotografia è il principale mezzo di comunicazione su questa piattaforma di social media, quindi utilizza messaggi chiari e concisi. Instagram è pensato per le gallerie fotografiche e il pubblico normalmente non si ferma a leggere un testo. L'unione perfetta è una foto sorprendente con un testo semplice e immediato. Per quanto riguarda gli hashtag, a differenza di Twitter, se ne possono usare più di due ma è consigliabile non superare gli otto.

Creare un calendario editoriale

I calendari editoriali sono fogli di calcolo o app utilizzati per pianificare in anticipo i post da pubblicare sui social. Vengono inoltre utilizzati per pianificare quando i contenuti verranno condivisi, gestire le campagne e tenere traccia delle scadenze.

Perché dovresti usare un calendario editoriale?

- Per tenere traccia delle date importanti;
- Per rimanere pertinenti e aggiornati sui contenuti;
- Per la gestione ottimale del tuo tempo;
- Per avere regolarità nelle pubblicazioni;
- Per promuovere il lavoro di squadra del tuo team;
- Per evitare errori.

Come creare un calendario editoriale per i tuoi Social?

1. Analizza la tua strategia sui social media

Fai una revisione approfondita delle piattaforme e dei contenuti che utilizzi in modo da concentrare i tuoi sforzi sulla piattaforma più performante. Se esiste una piattaforma sulla quale i tuoi contenuti non vengono condivisi, scopri perché e cosa puoi fare per migliorare la situazione. Stai pubblicando contenuti non attinenti alla tua attività? Non sono interessanti? Oppure pubblichi in un momento in cui gli utenti non sono attivi? Fai un controllo approfondito delle prestazioni dei tuoi contenuti e cerca la risposta a queste domande.

2. Stabilisci chi è il tuo target

Chi sono le persone che usano ciascuna piattaforma e per cosa la usano? Assicurati di conoscere i diversi dati demografici prima di definire il calendario dei contenuti dei social media e pianificare i tuoi post.

3. Pianifica i tuoi contenuti

Una volta che conosci il tuo target, puoi iniziare a pianificare i contenuti per ciascuna piattaforma, e segmentarli in varie categorie: post di blog, tutorial, storie di Instagram, ecc. Il principale vantaggio di classificare i tuoi contenuti in diverse categorie è che ti aiuterà a tenere traccia dei contenuti che piacciono di più al tuo target.

4. Inserisci i tuoi contenuti nel calendario

Sono disponibili online molti modelli di calendario per contenuti di social media. Decidi quanti dettagli vuoi che abbia il tuo calendario (date, orari, reti, collegamenti) e scegline uno adatto alle tue esigenze. Una volta che hai il tuo modello, puoi iniziare a compilarlo. Assicurati di aggiornare il calendario ogni settimana o mese, o comunque con molto anticipo rispetto a ciò che intendi pubblicare.

5. Programma i tuoi contenuti

Hai finalmente raggiunto la parte che inizierà a farti risparmiare tempo: lascia che il tuo calendario ti guidi per pianificare i tuoi contenuti in anticipo, in modo da non dover pubblicare nuovi contenuti ogni ora ed essere attivo 24 ore su 24, 7 giorni su 7.

Se non hai trovato un modello di calendario specifico adatto a te, puoi sempre creare il tuo calendario con una delle seguenti app o strumenti.

- **Google Drive:** è semplice da usare e facile da condividere con tutti i membri del team che possono modificarlo ed aggiornarlo;
- **Evernote:** è un'app molto popolare che ti consente di pianificare e organizzare il tuo lavoro, utilizzando modelli personalizzati in base alle proprie esigenze;
- **Hootsuite Planner:** è un ottimo pianificatore di social media che ti consente di gestire tutti i post in programma. Ha un calendario sulla sua dashboard da cui è possibile creare facilmente nuovi post.

Calcolare il ROI delle campagne Social Media

ROI è l'acronimo di "Return On Investment" e identifica la redditività del capitale investito. Il ROI applicato ai social media è una misura dell'efficienza della campagna di marketing.

Perché è necessario misurare il ROI dei social media?

- Per dimostrare che hai raggiunto gli obiettivi che ti eri preposto;
- Per individuare le aree della tua strategia più redditizie, per spostarvici più capitale;
- Per individuare gli aspetti della tua strategia che non funzionano e risolverli.

Come calcolare il ROI dei social media?

La formula da utilizzare è la seguente:

Profitto / investimento x 100 = ROI%

Vediamo un esempio pratico: supponendo di aver speso 100€ per i tuoi annunci su Facebook e Instagram, e sapendo che tre clienti hanno acquistato altrettanti prodotti per un valore di 50€ cadauno, puoi facilmente ottenere il **profitto**:

ROI% = (150€ / 100€) x 100 = **150%**

La redditività del capitale investito, ovvero il Return Of Investment, è del 150%.

Questo è ovviamente un esempio semplificato. Le cose si complicano quando i tuoi investimenti portano a risultati difficili da quantificare in termini monetari, ad esempio citazioni sui social media o download di ebook.

Più in là nel libro vedremo alcuni strumenti che ci potranno aiutare in questi casi, tuttavia, la base per calcolare il ROI della tua campagna di social media marketing risiede nella formula precedentemente descritta.

Brand Imaging sui Social

La **Brand Image** può essere definita come la percezione di un marchio dal punto di vista dei consumatori. Conquistare la fiducia dei clienti è un'impresa ardua che richiede tempo, energie e risorse. Fortunatamente, i social possono rivelarsi uno strumento prezioso per dare visibilità al tuo brand, consolidarne l'identità e fidelizzare i clienti.

Come creare la tua Brand Image sui Social?

1. Sii coerente con il tuo pseudonimo e immagine profilo
Usa lo stesso nickname per tutti i tuoi canali social poiché aiuterà i potenziali clienti a trovare facilmente la tua pagina. Altrettanto importante è l'immagine del tuo profilo: scegli un'immagine che renda riconoscibile il tuo brand in un secondo.

2. Scegli colori e caratteri appropriati
Il tuo brand dovrebbe utilizzare una combinazione di colori coerente su tutti i canali social in modo che le persone associno quei colori al tuo brand anche in assenza del tuo logo. La scelta del carattere è un altro elemento cruciale per costruire la tua Brand Image, infatti dovrai selezionare un carattere che sia coerente alla tua attività, riconoscibile e facilmente memorizzabile dai clienti.

3. Usa saggiamente la foto di copertina

La foto di copertina è una delle prime cose che qualcuno vede quando visita la tua pagina ed è importante che sia coordinata con il colore del tuo logo. Cerca di mantenere aggiornati i tuoi account social, cambiando le foto di copertina o l'immagine del profilo stagionalmente. Puoi anche sfruttare la tua foto di copertina per promuovere un hashtag, una campagna o un'iniziativa.

4. Scrivi una biografia professionale

Scrivi una biografia di cui sei orgoglioso, che racconti il tuo brand in poche frasi. Puoi adattare la lunghezza su ciascun canale utilizzato, ma il messaggio dovrebbe essere conciso e centrato su tre punti: qual è la tua azienda, qual è la tua missione e ciò che ti rende speciale. La tua biografia deve raccontare la storia distinta del tuo brand in modo da evidenziarne la personalità. Un buon punto di partenza è pensare agli aggettivi o persino alle caratteristiche umane che vorresti che le persone associassero al tuo brand.

5. Mantieni elevata la qualità dei tuoi contenuti visivi

Ricorda di pubblicare sempre contenuti di alta qualità. Prima di iniziare a condividere, pensa a come potresti incorporare il tuo logo nella foto che vuoi pubblicare. Quale versione del logo vuoi utilizzare sull'immagine? Quanto grande vuoi che appaia il logo? Dove dovrebbe essere posizionato? Se stai pensando di condividere la fotografia originale senza logo, pensa all'aspetto delle immagini che condividi. Ad esempio, preferisci un'estetica brillante e audace oppure luci e colori minimali? Sia che pubblichi immagini di persone, luoghi o cose, i filtri possono aiutarti a pubblicare foto che raccontano una storia più coerente del tuo brand, specialmente su social come Instagram.

6. Pubblica spesso contenuti

Mantenere un programma di pubblicazione costante ti aiuterà a rafforzare l'immagine del tuo brand. Come abbiamo già visto, puoi fare affidamento ad alcune piattaforme di pianificazione, come Buffer e Hootsuite, che ti consentiranno di costruire le tue campagne e pianificare i contenuti da condividere.

Il Content Marketing per aumentare la Brand Awareness

Per **Brand Awareness** (consapevolezza del marchio), si intende la capacità del pubblico di riconoscere un brand e di associarlo ad un prodotto/servizio offerto da un'azienda. La Brand Awareness riflette il grado di familiarità che i consumatori hanno con la tua azienda e il tuo messaggio, ed è uno degli aspetti più importanti della gestione di un'azienda poiché influisce direttamente sul numero di clienti acquisiti. Un cliente che è a conoscenza del tuo brand e da cosa è caratterizzato si fiderà di te e sarà invogliato ad acquistare i tuoi prodotti e servizi.

Uno dei sistemi più efficaci per aumentare la Brand Awareness è il **Content Marketing**, cioè la creazione e la distribuzione di contenuti validi, pertinenti e coerenti per attirare il tuo pubblico, acquisire clienti e guidare le loro azioni al fine di trarne un beneficio.

Come aumentare la Brand Awareness tramite il Content Marketing?

1. Familiarizza con il tuo pubblico

Il tuo target è il pezzo più importante del puzzle nella Brand Awareness. Senza un target che desidera e ha bisogno del tuo prodotto, non avresti alcun cliente che possa far crescere la consapevolezza del tuo marchio.

Considera la demografia del tuo target di riferimento al fine di decidere quali contenuti pubblicare, scopri dove spende il suo tempo online e quali sono i suoi trend.

2. Crea una strategia di contenuto

Un'ottima strategia per aumentare la Brand Awareness è raccontare la storia della tua azienda in modo che illustri da dove hai iniziato, come hai avuto successo e quali sono i valori della tua azienda.

Questo può aiutarti a connetterti con i tuoi clienti ad un livello più personale e mostrare loro la persona dietro ai prodotti e servizi.

Successivamente, dovrai scegliere quali tipi di contenuti desideri utilizzare, ad esempio:

- Collegamenti al tuo sito aziendale
- Post di blog
- Guide scaricabili
- Video
- Webinar (conferenze aziendali)

Crea quindi un programma di pianificazione per determinare quando pubblicare i tuoi contenuti e con quale frequenza.

3. Usa il blog aziendale come strumento per la Brand Awareness

Creare un blog aziendale darà una voce all'azienda nel tuo settore e può essere uno strumento prezioso per accrescere la consapevolezza del tuo brand. Affinché i tuoi potenziali clienti ti considerino un'azienda unica, devi produrre contenuti accurati e unici nel loro genere. Trattare gli argomenti del tuo settore da più punti di vista può aiutarti a definire il tuo marchio come innovativo e autorevole.

4. Partecipa attivamente alla comunità

Puoi utilizzare il coinvolgimento della tua comunità per aumentare la Brand Awareness, tramite contenuti online in diversi formati come foto e video.

5. E-mail newsletter

Usa le newsletters tramite e-mail per fornire ai tuoi clienti notizie sulla tua azienda, consigli che li aiutino a raggiungere i loro obiettivi e contenuti utili, come guide gratuite relative al tuo settore.

6. Usa i social media per promuovere i tuoi contenuti

Le piattaforme di social media come Facebook e Twitter saranno tuoi fedeli alleati per aiutarti a promuovere la tua campagna di Content Marketing, e di conseguenza aumentare la Brand Awareness.

Digital Brand Reputation e Social CRM

La **Digital Brand Reputation** è il livello di **popolarità** che un marchio assume sul web agli occhi del consumatore. La reputazione del tuo brand è più importante che mai: mantenerla positiva aumenta la fedeltà dei clienti, consolida l'identità del brand nel mercato e consente di posizionarti ai primi posti nello spietato panorama commerciale odierno. In media, i consumatori leggono circa 10 recensioni di prodotti o servizi prima di effettuare un acquisto, motivo per cui avere una reputazione positiva sul web è così importante.

Come puoi aumentare la reputazione del tuo brand online?

Uno degli strumenti che puoi utilizzare è il **Social CRM**: cerchiamo di capire di cosa si tratta e come è connesso alla Digital Brand Reputation.

Il CRM, acronimo di **Customer Relationship Management,** è uno strumento che consente di archiviare le informazioni dei clienti in un database e utilizzarle per gestire le interazioni tra l'azienda e il cliente, dal marketing alla vendita, dal servizio clienti fino al supporto tecnico.

Il **Social CRM** è un'evoluzione del CRM tradizionale, e può essere definito come uno strumento che integra i tuoi social media al tuo sistema CRM. Il Social CRM traccia le comunicazioni di vendita tra clienti e aziende, aiuta a creare un percorso verso potenziali clienti, fornisce un servizio clienti rapido attraverso il social preferito di un consumatore e consente ai clienti di condividere le loro esperienze con milioni di utenti online.

Nel Social CRM, la commercializzazione dei prodotti diventa un aspetto secondario poiché è il cliente ad essere il punto centrale della strategia di marketing. Questo aspetto rivoluzionario rende il Social CRM uno strumento molto potente, che può aiutarti ad aumentare la Digital Brand Reputation della tua azienda.
Vediamo come:

Ottimizzazione delle relazioni con i clienti

Il Social CRM ti consente di conoscere informazioni dettagliate, come la spesa media di ciascuno dei tuoi clienti, i loro modelli di acquisto, come rispondono alle tue newsletter e quali prodotti sono più propensi ad acquistare. In questo modo potrai tracciare i profili dei tuoi clienti e rispondere in modo proattivo alle loro richieste.

Personalizzazione dei tuoi contenuti social

Il social CRM ti offre una panoramica degli argomenti, hashtag e Influencer all'interno dei tuoi segmenti di pubblico, consentendoti di pubblicare contenuti pertinenti e aumentare il coinvolgimento.

Miglioramento del tuo supporto clienti

Tramite i canali social, puoi fornire un supporto che incorpora la cronologia delle interazioni di un cliente all'interno del CRM. Sarai in grado di cogliere eventuali menzioni negative, rispondere rapidamente sul loro canale preferito e fornire un supporto completo su misura in base alla loro esperienza.

Il Social CRM rappresenta quindi uno strumento straordinario per rafforzare l'interazione con i clienti e il loro coinvolgimento. Far sentire i tuoi clienti al centro del tuo business li porterà a fidarsi del tuo brand, a preferire i prodotti e servizi della tua azienda tra quelli disponibili sul mercato e a rilasciare feedback positivi. Tutto ciò si tradurrà in un aumento della Digital Brand Reputation.

Digital PR & Influencer Marketing

In questo capitolo parliamo di due strategie nate da poco nel panorama del marketing digitale che ti aiuteranno ad aumentare la visibilità, la Brand Awareness e la Digital Brand Reputation del tuo marchio.

La **Digital PR (Public Relations)** è una strategia di marketing volta ad aumentare e consolidare la presenza online attraverso la costruzione di relazioni con **giornalisti online** e **content writers** per ottenere "hit sulla stampa", citazioni e backlink di alta qualità. Per molti versi, è simile alla PR tradizionale, ma offre l'opportunità di raggiungere un pubblico molto più vasto che non sarebbe accessibile solo con metodi offline. Per avere il massimo impatto, la Digital PR utilizza strategie basate sulla SEO (Search Engine Optimization), il Content Marketing, la diffusione di Influencer e i social media. Lo scopo è quello di migliorare la reputazione di un brand e aumentare la sua visibilità tra i membri del target.

Un esperto di Digital PR utilizza un'ampia varietà di tattiche per migliorare la presenza di un brand online. Ad esempio:

- Preparare comunicati stampa online;
- Costruire relazioni con giornalisti e blogger per generare un'ampia copertura di stampa online;
- Pianificare la promozione aziendale;
- Organizzare recensioni e interviste online;
- Garantire che i comunicati stampa siano ottimizzati con collegamenti pertinenti al tuo sito web;
- Divulgazione dei contenuti aziendali tramite Influencer e blogger per ottenere menzioni su account e blog di social media influenti;
- Pubblicazione di contenuti online per ottenere una maggiore Digital Brand Reputation e backlink di alta qualità.

Una delle tattiche degli esperti di Digital PR per la divulgazione dei contenuti è l'utilizzo di **Influencer**. Vediamo nei dettagli chi è questa figura professionale e qual è il suo ruolo nel cosiddetto **Influencer Marketing**.

Un influencer è una persona che ha il potere di influenzare le decisioni di acquisto di altri grazie alla sua elevata reputazione, conoscenza, posizionamento e relazione con il suo pubblico.

Nell'ambito dei social, gli Influencer pubblicano regolarmente post riguardanti argomenti specifici e generano un grande numero di followers, ovvero persone entusiaste, altamente coinvolte, che considerano l'Influencer un punto di riferimento per le scelte che devono attuare.

La figura dell'Influencer è talmente apprezzata dalle aziende che ha dato origine ad una nuova strategia di marketing chiamata **Influencer Marketing,** che utilizza la figura dell'Influencer per creare tendenze e incoraggiare i followers ad acquistare i prodotti di un determinato brand.

Una strategia di Influencer Marketing ben pianificata ti consentirà di:

- Aumentare la Brand Awareness per fare riconoscere e apprezzare a più persone il tuo marchio.
- Costruire l'identità del brand in modo che le persone possano percepirne la personalità e i valori.
- Costruire il tuo pubblico per ottenere più followers e iscritti.
- Coinvolgere il tuo pubblico per ottenere più condivisioni, commenti e apprezzamenti per i tuoi contenuti.
- Convincere più persone ad acquistare i tuoi prodotti / servizi.
- Fidelizzare i clienti per convincerli a rimanere interessati e in contatto con il tuo brand.
- Aumentare il traffico diretto al tuo sito web.

Search Engine Optimization (SEO) & Search Engine Marketing (SEM)

La **Search Optimization** (ottimizzazione della ricerca) è una strategia di marketing che consente ai brand di attirare l'attenzione, guidare il traffico del sito web e far crescere la propria attività tramite l'ottimizzazione dei risultati dei motori di ricerca. Tuttavia, può essere una strategia difficile da gestire se non si conoscono nel dettaglio e se non si sanno confrontare la **Search Engine Optimization (SEO)** e il **Search Engine Marketing (SEM)**.

- La **SEO** utilizza strategie **ORGANICHE** (non a pagamento);
- Il **SEM** utilizza strategie **PAID** (a pagamento).

SEM

In una strategia SEM a pagamento devi impostare un budget per il posizionamento dei tuoi annunci. Questa strategia viene spesso definita **Pay-Per-Click (PPC) marketing**. **Google Ads** è il provider di ricerca più comunemente utilizzato per questa strategia. Quando gli utenti cercano determinate parole chiave, visualizzano gli annunci in prima pagina posizionati nella parte superiore dei risultati di ricerca. Il pagamento dell'annuncio viene addebitato all'inserzionista ogni volta che un utente fa clic sull'annuncio.

SEO

Tramite la SEO, i brand non pagano per il posizionamento nei risultati di ricerca ma usano una serie di tattiche che spingono i motori di ricerca a mostrare i loro
contenuti in cima alle ricerche. Queste tattiche sono
raggruppate in tre categorie:

* **On-page SEO:** ottimizza i risultati in base ai contenuti della pagina.

* **Technical SEO:** ottimizza i risultati in base a caratteristiche quali velocità del sito, facilità di utilizzo dei
dispositivi mobili, architettura del sito e sicurezza.

* **Off-page SEO:** ottimizza i risultati tramite collegamenti da altri siti Web che promuovono l'affidabilità
del brand in questione.

Una strategia SEO efficace combina queste tre tattiche
per produrre risultati migliori.

Come scegliere tra una strategia SEO e SEM?

Considera la tua concorrenza - Analizza il posizionamento organico della concorrenza e scopri quali modalità a pagamento stanno utilizzando per indirizzare il traffico verso i propri siti web. Valuta quindi se puoi eseguire un piano per completare i loro posizionamenti.

Quanto conosci il tuo settore? - Se conosci già cosa
vogliono i tuoi clienti e sai come raggiungerli al meglio,
potresti costruire una strategia SEO a lungo termine che

valorizzerà nel tempo il tuo brand. Se non sei sicuro di come i clienti e i concorrenti risponderanno alle tue offerte o ai tuoi contenuti, potresti considerare una campagna SEM che ti consenta di testare idee, prodotti e servizi.

Considera il ciclo di acquisto dei tuoi clienti - Se i tuoi prodotti e servizi hanno un breve ciclo di acquisto, significa che i tuoi clienti sanno cosa vogliono, lo cercano e lo acquistano: in questo caso potresti utilizzare una strategia SEM per posizionare il tuo prodotto proprio dove i clienti lo vedranno. Cicli di acquisto più lunghi, invece, potrebbero non funzionare altrettanto bene con una strategia SEM e pertanto potresti considerare una strategia SEO.

Considera il PPC nel tuo settore - Le parole chiave hanno un PPC variabile in base alla concorrenza. Se il tuo PPC è basso, il SEM potrebbe essere la strategia giusta per te. D'altro canto, se il PPC è elevato potresti orientarti verso una strategia SEO.

Social Media Monitoring

Il **Social Media Monitoring è** il processo di tracciamento e raccolta di dati e informazioni sui siti di social media, per scoprire la reputazione del tuo brand, cosa pensano le persone dei tuoi prodotti o servizi, dei tuoi concorrenti, del tuo settore e qualsiasi altra informazione utile per migliorare la tua strategia di marketing.
Tramite il Social Media Monitoring, puoi monitorare le conversazioni delle persone riguardo la tua attività senza dover controllare fisicamente ogni messaggio, ogni post e ogni risposta su ogni social network.

Lo scopo è quello di ottenere dettagli sulla visibilità del tuo brand online e comprendere la frequenza con cui sei menzionato durante una conversazione. Questo ti aiuterà a misurare l'impatto delle tue campagne online, identificare le opportunità di coinvolgimento con il tuo pubblico e migliorare i livelli del servizio clienti.

Il Social Media Monitoring può consentirti di ottenere informazioni sull'attività online dei tuoi concorrenti e scoprire cosa stanno facendo meglio o peggio di te. In questo modo potrai identificare i punti di forza e i punti deboli della tua strategia per migliorarla. Inoltre, sarai aggiornato sui trend del tuo settore e potrai pubblicare contenuti pertinenti e competitivi.

Come monitorare i Social Media?

A tal scopo, puoi utilizzare una varietà di strumenti disponibili online che eseguono tutto il lavoro lungo, noioso e complesso di ricerca delle menzioni del tuo brand e di specifiche parole chiave relative ad esso. Per ottenere la massima efficienza è necessario selezionare attentamente le parole chiave o le frasi che dovranno essere ricercate. Un buon inizio è quello di impostare la ricerca del nome del tuo brand, dei prodotti o servizi del tuo settore, e dei concorrenti. Gli strumenti di monitoraggio eseguiranno quindi una scansione continua di siti e dati disponibili pubblicamente, alcuni in tempo reale. Tutti i siti verranno quindi indicizzati dallo strumento e raccolti in un database, in modo tale da consentire la ricerca automatica delle menzioni specifiche.

Una volta trovati e raccolti i tuoi dati, puoi utilizzare lo strumento per controllare autori, metadati e grafici, eseguire un'analisi dei contenuti, confrontare i dati raccolti e persino pubblicare e rispondere alle conversazioni.

Alcuni dei più famosi strumenti di Social Media Monitoring sono:

- **Hootsuite:** ti consente di seguire le conversazioni chiave su più canali creando flussi personalizzati di contenuti Social, trovare le conversazioni in base a parole chiave, hashtag e posizione, e di rispondere rapidamente a post e commenti;
- **Keyhole:** un hashtag tracker in tempo reale per Twitter, Instagram e Facebook. Ti consente di tenere traccia delle menzioni in tempo reale e ti mostra la posizione fisica di queste conversazioni;
- **TweetReach:** traccia il percorso dei tuoi post dopo aver premuto "Tweet". Inoltre ti aiuta ad identificare i picchi di attività e trova gli Influencer in qualsiasi conversazione pertinente;
- **Buzzsumo:** ti informerà su chi sta condividendo i tuoi contenuti e dove lo sta facendo. Puoi impostare avvisi per il tuo brand, concorrenti, parole chiave, autori, domini e backlink.

Social Media Analytics

Oggi, i social media sono spesso il luogo in cui le conversazioni iniziano e continuano a livello globale. Che si tratti di Facebook, Twitter, Instagram o di un qualsiasi altro social, non mancano i like, le discussioni, le opinioni e la diffusione di informazioni di qualsiasi tipo, dai brand allo sport e alla politica. Le conversazioni che avvengo su queste piattaforme rappresentano informazioni preziose, che possono alimentare l'intelligenza e la creatività dei marketers per la pianificazione di efficaci strategie di mercato. Per accedere a tali informazioni si utilizza un processo noto come **Social Media Analytics** che consente di analizzare enormi quantità di dati provenienti dai social media riguardanti conversazioni, commenti, reazioni e qualsiasi altro tipo di contenuto condiviso.

Quali sono i vantaggi della Social Media Analytics?

Capire il tuo pubblico - Adottare misure analitiche dei dati social per comprendere il tuo pubblico può aiutarti a definire una migliore strategia. Ad esempio, tramite l'analisi dei post puoi decidere la tipologia di contenuto da condividere in base alle preferenze degli utenti. Inoltre, saprai qual è il momento migliore per condividere: se pubblichi i contenuti quando i tuoi fan sono online e con il massimo livello di attenzione, i tuoi post aumenteranno il coinvolgimento, il traffico e le vendite. Pertanto, dovresti analizzare i tuoi dati social e trovare il momento migliore per pubblicare sui social media. Alcuni social network ti consentono di farlo facilmente attraverso la loro analisi integrata.

Scoprire su quali social pubblicare - Attraverso la sperimentazione e l'utilizzo di strumenti analitici per misurare la quantità di coinvolgimento, traffico e vendite che stai ottenendo, puoi stabilire quale social può esserti più utile.

Creare contenuti migliori - L'analisi dei dati ti aiuterà a identificare quali contenuti generano i risultati migliori, tramite un'analisi integrata a disposizione di alcune piattaforme come Facebook, oppure strumenti come **Google Analytics** che ti mostrano la quantità di traffico che un social sta generando, insieme ad altre metriche come la quantità di tempo che queste persone hanno trascorso sul tuo sito, il numero di pagine che hanno visitato ecc.

Capire la concorrenza - Analizzando i dati della concorrenza, puoi scoprire che tipo di contenuti e quali strategie stanno utilizzando i tuoi competitors così da avere un quadro completo della tua strategia, evitare gli errori e concentrarti solo sulle tecniche che portano a risultati concreti.

Per capire quali social funzionino meglio per i tuoi concorrenti puoi usare strumenti come **Similar Web**, che ti mostra la percentuale del traffico proveniente dai social per uno specifico sito web. Per "spiare" i social e scoprire i contenuti più performanti dei tuoi concorrenti puoi invece usare **Cyfe**.

Il Social Media Manager

Il **Social Media Manager** è la figura professionale che gestisce il marketing e la pubblicità sui social media dell'azienda. In particolare, si occupa di:

- Pianificare la strategia di Social Media Marketing e definire gli obiettivi dell'azienda;
- Sviluppare la Brand Awareness e la Digital Brand Reputation;
- Gestire i contenuti da condividere;
- Gestire la SEO e la SEM;
- Generare traffico in entrata;
- Sviluppare contatti online e vendite.

Il Social Media Manager deve essere una persona altamente motivata e creativa, con esperienza e passione per la costruzione di solidi rapporti con i clienti attuali e futuri. L'obiettivo finale è quello di convertire i followers in clienti e i clienti in sostenitori dell'azienda.

Quali sono le principali competenze del Social Media Manager?

Capacità comunicative - Per poter gestire le numerose attività legate al Social Media Marketing è necessario disporre di forti capacità comunicative, non soltanto per interagire con i clienti ma anche per coordinare efficacemente le attività del proprio team, soprattutto considerato l'ambiente frenetico nel quale si lavora.

Creatività - Uno studio di **Fractl** e **BuzzStream** riporta che il 21% degli utenti non segue le pagine social dei brand se vengono condivisi contenuti ripetitivi e noiosi. Per potersi distinguere tra i milioni di altri brand e mantenere i followers coinvolti e agganciati, il Social Media Manager deve costantemente proporre nuove idee, iniziative creative e campagne coinvolgenti.

Copywriting - Il Social Media Manager è un professionista che scrive molto, a volte più di una dozzina di post ogni giorno. Deve essere in grado di creare messaggi che siano rapidamente comprensibili e coinvolgenti per il pubblico, tenendo a mente che ogni social richiede uno stile di scrittura diverso: ad esempio, Linkedin ha un tono più professionale mentre Facebook è più informale.

Ricerca - È fondamentale rimanere aggiornati sulla costante evoluzione dei social media, sui nuovi strumenti di analisi e sulle attività della concorrenza.

Capacità gestionali e multitasking - Bisogna saper gestire tutte le aree del progetto e avere la capacità di svolgere più attività contemporaneamente, tra cui creare programmi di pubblicazione, tenere traccia dei contatti, mantenere i profili dei social media, eseguire rapporti, incontrare designer e scrittori, gestire budget pubblicitari e molto altro. Il Social Media Manager deve sapere quando è il momento migliore per pubblicare i contenuti e come tenere traccia di tutte le diverse conversazioni in corso sui social.

Competenze sui social media - Può sembrare ovvio, ma un Social Media Manager deve avere competenze avanzate sui social media. In particolare deve conoscere quale piattaforma è più adatta ad un certo tipo di contenuto, comprendere come ottimizzare i contenuti in base alla piattaforma e avere la capacità di coinvolgere il pubblico con i post più adatti.

Competenze di Marketing e pensiero strategico
Scattare foto, creare post accattivanti e interagire con le persone è la parte divertente della comunicazione tramite i social, ma l'obiettivo finale per un'azienda è sempre quello di commercializzare il proprio brand, e questo richiede una strategia di marketing. Ciò presuppone che il Social Media Manager sia anche un esperto di marketing e sappia come pianificare una strategia vincente.

Gli strumenti del mestiere

Se vuoi intraprendere una campagna di Social Media Marketing è importante decidere fin da subito quali strumenti di analisi utilizzerai, per pianificare al meglio la tua strategia e avviare con successo la tua campagna online.
Vediamo quali strumenti puoi usare:

Google Alert - Questo strumento di monitoraggio gratuito ti avvisa ogni volta che Google indicizza una pagina o qualsiasi tipo di contenuto pertinente che contenga una parola chiave o una frase da te specificata.
Indicizzare un sito vuol dire inserirlo negli indici dei motori di ricerca, in modo da poterlo localizzare tramite di diversi parametri (tra cui anzianità del sito, struttura, contenuto, parole chiave scelte, popolarità, ecc.).

Talkwalker - È una piattaforma di **Social Listening** (ascolto sociale) utile per monitorare la reputazione del tuo brand sui social. Consente di analizzare le menzioni del brand su 10 social network, 150 milioni di siti Web e oltre 180 lingue. Semplifica inoltre la gestione degli account sui social incorporando l'ascolto visivo per identificare i loghi dei brand, avvisando per tempo dell'insorgenza di potenziali problemi, individuando i trend emergenti e consentendo di costruire migliori relazioni con clienti e Influencer.

Google Trends - Google Trends può aiutarti a trovare le ricerche di tendenza e le ricerche più popolari in una vasta gamma di categorie. Puoi cercare un argomento specifico per regione o trovare le ricerche di tendenza recenti.

Meltwater - Questo strumento utilizza l'intelligenza artificiale per ascoltare le conversazioni sui social pertinenti al tuo brand, aiutandoti a pianificare i post da pubblicare e prendere decisioni di marketing intelligenti.

Tagboard - Tagboard utilizza gli hashtag per estrarre rapidamente i contenuti che puoi filtrare per selezionare i post migliori e quindi creare esperienze coinvolgenti per il tuo pubblico.

Sharecount - Questo strumento ti consente di tenere traccia di condivisioni, Like, tweet e altro ancora. Inserendo un indirizzo web di una pagina puoi scoprire quanto è stata condivisa in diversi siti di social network e bookmarking, tra cui Facebook, Twitter, Pinterest, LinkedIn, Google+ e StumbleUpon.

NutshellMail - NutshellMail registra le tue attività sui social per fornire una panoramica via e-mail dei tuoi account. È possibile impostare la frequenza e quando si desidera ricevere le e-mail di riepilogo.

Hootsuite - Consente di monitorare e pubblicare su più social, crea report personalizzati da condividere con clienti e colleghi, tiene traccia della reputazione del tuo brand e della crescita dei followers, e incorpora Facebook Insights e Google Analytics. Inoltre, progetta e pianifica i post da pubblicare quando è più probabile che il tuo pubblico sia online.

True Social Metrics - Consente di connettere fino a 13 account social, analizzarli e confrontarli. Puoi analizzare l'efficacia dei post, quali sono i migliori contenuti e dove vengono maggiormente apprezzati.

QuickSprout - Tramite questo strumento gratuito potrai misurare la SEO di un sito Web, l'impatto dei social e analizzare i tuoi dati di Google Analytics.

SEOCentro - Lo strumento di analisi di SEOCentro offre una visione completa delle valutazioni SEO del tuo sito Web. Potrai visualizzare il tuo punteggio SEO in base ad una moltitudine di fattori on e off-page, come la pertinenza del titolo, la pertinenza della descrizione, le parole chiave e altro ancora.

Google Analytics - Pur essendo progettato principalmente per analizzare il traffico del tuo sito web, è anche molto utile per analizzare l'impatto dei social come canale di marketing: ti consente infatti di vedere quante visite il tuo sito riceve da ciascuno dei principali social.

Social Mention - Social Mention è uno strumento di analisi dei social in tempo reale che raccoglie tutti i contenuti di blog, microblog, immagini e video relativi alla tua query di ricerca, fornendoti una visione completa della reputazione del tuo brand.

Brandwatch - Puoi utilizzare BrandWatch per avere dettagli in forma grafica sul volume delle citazioni del tuo brand e confrontarlo con quello di diversi concorrenti, scoprire quali argomenti sono maggiormente interessanti per il tuo pubblico e vedere i loro dati demografici.

Rapportive - Questo strumento gratuito utilizza le informazioni di Gmail e altre app di Google per aiutarti a conoscere i dettagli dei tuoi contatti come foto, titolo professionale, luogo di lavoro e profili social.

LikeAlyzer - Ti consente di accedere a qualsiasi pagina Facebook per misurarne e analizzarne le prestazioni come il tasso di coinvolgimento, il numero e le tempistiche dei post. Può quindi esserti utile per tenere d'occhio la concorrenza.

Facebook Insights - Facebook Insights è disponibile per gli amministratori della pagina Facebook della tua azienda, una volta che essa ha superato i 30 followers. Individua i Like totali, le visualizzazioni della tua pagina e dei tuoi post, e i dati demografici del tuo pubblico.

10 Best Practices delle grandi aziende

Il Social Media Marketing può essere un motore dinamico che consolidi il tuo brand e faccia crescere il numero di clienti e di vendite. Tuttavia, può rivelarsi un grande spreco di tempo, energie e risorse se non vengono seguite alcune regole fondamentali.
Vediamo qui di seguito le 10 best practices usate dalle grandi aziende che hanno raggiunto il successo grazie al Social Media Marketing.

1. Definisci obiettivi misurabili
La tua strategia dovrebbe comprendere qualcosa di più della semplice raccolta di Like, condivisioni, retweet ecc. Ricorda che ognuno dei tuoi post sui social media supporta un obiettivo strategico ben definito e misurabile.

2. Usa foto e loghi coerenti
Non utilizzare qualsiasi foto tu abbia a portata di mano. Prenditi il tempo per creare un'immagine di alta qualità e coerente col tuo brand su tutte le piattaforme social, e ottimizza le caratteristiche della foto in base alla piattaforma utilizzata.

3. Fai sapere al mondo che sei presente sui social
Il modo più semplice ed economico per creare le fondamenta di un network rilevante di followers è tramite amici, familiari, colleghi e clienti. Lo scopo non è neces-

sariamente quello di effettuare delle vendite ma è quello di ampliare la tua portata e raggiungere il maggior numero di persone possibile.

4. Non essere monotematico

È naturale che tu debba presentarti come esperto nel tuo settore, ma i contenuti che crei, curi e condividi non possono sempre ruotare intorno alla tua attività. A nessuno piace ascoltare una persona che parla solo di sé: ricorda che sui social media la via fuga è dietro l'angolo, è questione di un click per ritrovarsi senza followers. Non essere monotematico, condividi contenuti paralleli al tuo settore per stimolare gli interessi del pubblico.

5. Pubblica regolarmente i contenuti

Gli utenti dei social vogliono una pubblicazione costante di contenuti, ma la finestra temporale che hai a disposizione per farlo è limitata. La creazione di un calendario editoriale ti aiuterà a mantenere i post coerenti e puntuali, e stabilire una maggiore connessione con il tuo pubblico.

6. Pubblica contenuti visivi

È ormai noto che le immagini e i video aumentano drasticamente il coinvolgimento sui social: usali con intelligenza per promuovere i tuoi prodotti o servizi e aumentare l'interesse del tuo target.

7. Promuovi i contenuti su più social

Condividi i contenuti su più piattaforme, ma tieni presente che ogni social ha una personalità distinta, per cui personalizza la presentazione dei tuoi contenuti per adattarla alla piattaforma usata.

8. Controlla la concorrenza

Analizzando la concorrenza, scoprirai i punti di forza e gli errori della tua strategia per migliorarla e avrai maggiori possibilità di posizionarti in alto rispetto ai concorrenti.

9. Non avere paura di fare pubblicità

Oggigiorno è possibile avviare campagne di marketing basate non soltanto sulla demografia ma anche sugli interessi e comportamenti del target. Prendi quindi in considerazione la possibilità di sponsorizzare i tuoi post su piattaforme come LinkedIn o Facebook.

10. Rispondi rapidamente ai clienti

Se riuscirai a soddisfare le aspettative dei tuoi clienti in tempi rapidi, avrai una maggiore probabilità di vendere i tuoi prodotti sulla piattaforma.

Gli errori da evitare sui Social

Spesso gli imprenditori si lamentano dei propri insuccessi attribuendo le colpe ai social media, considerandoli strumenti inefficaci. Non c'è niente di più sbagliato che questo ragionamento: il problema non sono i social, ma l'errato utilizzo che se ne fa. Tutto sta nell'utilizzare al meglio tali strumenti ed evitare errori cruciali che possono compromettere l'intera attività.

Quali sono questi errori che bisogna assolutamente evitare sui social?

Considerare i social inadatti per vendere
Esiste un'idea comune secondo cui i social siano adatti soltanto ad un pubblico giovane in cerca di svago e divertimento: tutto ciò ovviamente non corrisponde alla realtà. Diversi studi hanno dimostrato che il gruppo demografico in più rapida crescita su Twitter è la fascia d'età di 55-64 anni mentre su Facebook è di 45-54 anni. Ormai i social sono talmente radicati nella nostra società che sono diventati strumenti alla portata di qualsiasi utente, indipendentemente dalle sue caratteristiche demografiche.

Non avere una strategia di marketing social
Il social media marketing può essere una perdita di tempo e risorse colossale quando non si ha un piano d'azione adeguato. Molte aziende cadono in questa

trappola e pubblicano sporadicamente contenuti non sempre pertinenti sui loro account per cercare di attirare più followers possibili. Questo approccio non ha alcuna strategia e non rappresenta il Social Media Marketing. Come abbiamo già ripetuto molte volte, devi avere obiettivi specifici, misurabili, un budget e un piano d'azione concreto che sia in linea con i tuoi obiettivi.

Bersagliare il target sbagliato - Tramite i social media puoi facilmente entrare in contatto con clienti potenziali, ma se ti stai rivolgendo al target sbagliato i risultati della tua campagna saranno inevitabilmente deludenti, indipendentemente dalla tipologia e dalla qualità dei contenuti. Avere un pubblico generico è come trovarsi in mezzo ad un labirinto: avanzerai a tentoni cercando di raggiungere la via d'uscita, ma senza una mappa i tuoi sforzi saranno inutili. Affinchè i tuoi contenuti siano apprezzati devi necessariamente stabilire un target tramite l'analisi degli utenti presenti sui social.

Ignorare i tuoi followers - Uno dei più grandi errori da evitare nel Social Media Marketing è non prestare attenzione a ciò che dicono i tuoi fans e followers. Questo tipo di atteggiamento può allontanare i tuoi seguaci e i potenziali clienti, danneggiando la reputazione della tua attività. Ricordati di rispondere sempre ai feedback, sia quelli positivi che negativi, e di farlo rapidamente se vuoi che i tuoi followers si sentano considerati dall'azienda. Questo ti aiuterà a creare un'immagine migliore del tuo brand e a fidelizzare i clienti, e di conseguenza avrà un effetto positivo sulle vendite.

Ignorare la concorrenza - Oltre a connettersi con i propri clienti, un altro obiettivo principale dell'utilizzo dei social media è comprendere le strategie adottate dai concorrenti. Dovrai visitare regolarmente i loro account social, controllare i loro aggiornamenti, frequentare i loro siti web e persino leggere i loro comunicati stampa. Questo ti aiuterà a scegliere le migliori strategie per interagire con il tuo pubblico sui social media.

Creare contenuti noiosi - I social media sono principalmente progettati per creare coinvolgimento. Se c'è una cosa che dovresti evitare quando pianifichi la tua campagna, è la pubblicazione di contenuti noiosi. Il tuo scopo è quello di aumentare i followers e convertirli in clienti, ma se continui a pubblicare contenuti non interessanti nessuno seguirà la tua pagina. Rendi i tuoi contenuti coinvolgenti utilizzando headline d'effetto, post accattivanti arricchiti con foto e video di elevata qualità.

Non ottimizzare i contenuti - La creazione di contenuti pertinenti e divertenti per aumentare il coinvolgimento del pubblico talvolta non è sufficiente. Assicurati di ottimizzare sempre i tuoi contenuti aggiungendo parole chiave e hashtag pertinenti ai tuoi post. Queste parole e frasi sono ampiamente utilizzate da Google e da altri motori di ricerca per ottimizzare i risultati mostrati ai propri utenti. Usa più parole chiave in ciò che pubblichi e controlla sempre che siano in linea con il contenuto.

Non tenere traccia delle tue performance - Una strategia di Social Media Marketing è come un libro in continua evoluzione: devi continuare a migliorarlo. Per poterlo fare, devi essere in grado di misurare concretamente l'impatto delle tue azioni passate per pianificare le mosse future. Trova uno o più strumenti di analisi adatti ai tuoi scopi e valuta le tue prestazioni, ad esempio, il coinvolgimento dei clienti, le conversioni, le tendenze di acquisto e la reputazione del tuo brand.

Siti Web mobile e App

Nel 2018, il portale web **Statista** rende disponibili i seguenti dati:

* L'80% degli utenti di Internet utilizza dispositivi mobili come smartphone e tablet per cercare articoli da acquistare;
* Il 91% di chi utilizza smartphone pianifica gli acquisti dopo aver visto annunci pertinenti;
* Il 40% delle transazioni online viene effettuato su dispositivi mobili.

Questi dati significativi suggeriscono come il Mobile sia il "futuro" del marketing: in realtà l'era del cosiddetto **Mobile Marketing** è già arrivata. Sempre più spesso le aziende creano siti web ottimizzati per dispositivi mobili e app, e sviluppano strategie di marketing adattate a consumatori "mobili". Sia che desideri aumentare i profitti per il tuo brand o migliorare il coinvolgimento dei clienti, dovresti includere nella tua strategia canali di comunicazione mobile come i **Siti Web Mobile** e le **App**.

Siti web mobile

Per rimanere competitivi, un sito web di un brand ottimizzato per dispositivi mobili non è più un'opzione ma un must.

Per i motori di ricerca, "compatibilità con i dispositivi mobili" significa che:

- Il contenuto della pagina si adatta allo schermo senza necessità di scorrimento o zoom laterale;
- Il contenuto si carica rapidamente;
- Il sito non restituisce errori di compatibilità con i dispositivi mobili.

Google ha persino fornito uno strumento gratuito di ottimizzazione per dispositivi mobili per aiutare gli esperti di marketing a migliorare i siti. Il motivo più importante per mantenere un sito ottimizzato per dispositivi mobili è creare un'esperienza utente coerente e coinvolgente. Il 64% degli utenti del web mobile abbandona le pagine se non si caricano entro 10 secondi, mentre il 35% dei dirigenti non ha potuto effettuare un acquisto previsto perché il sito web visitato non era ottimizzato per i dispositivi mobili. Assicurarsi che l'esperienza dell'utente mobile sia il più semplice e coinvolgente possibile dovrebbe essere un obiettivo di marketing primario.

App

Le app sono sempre più utilizzate dalle aziende per aumentare la connessione con gli utenti in ogni fase della campagna di marketing: da quando scaricano la tua app per la prima volta, a quando diventano sostenitori del brand fino ad affermarsi come clienti regolari. Le app mobili possono supportare molti degli obiettivi aziendali, tra cui pubblicizzare un prodotto/servizio, coinvolgere il pubblico e offrire servizi e-commerce che consentono ai clienti di acquistare direttamente dall'app. Proprio come qualsiasi altro canale di marketing, è importante considerare come utilizzare l'app per i propri scopi: potresti ad esempio offrire funzionalità extra o più contenuti mobili in cambio delle informazioni di contatto di un utente. Dovrai anche assicurarti che l'app abbia un'interfaccia user-friendly e che incoraggi il coinvolgimento degli utenti al fine di costruire connessioni basate sulla fiducia e, ovviamente, favorire le conversioni.

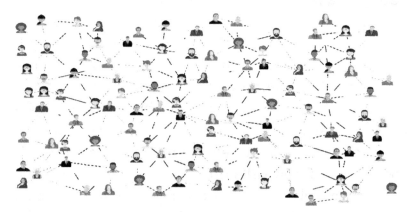

Le comunicazioni con gli utenti sono guidate da due tipi di messaggi:

- **Notifiche push:** i messaggi vengono visualizzati sullo schermo del dispositivo mobile quando non stai utilizzando un'app;

- **Notifiche in-app:** gli annunci pubblicitari sono distribuiti direttamente all'interno dell'app stessa.

Entrambi i sistemi comunicano direttamente con il tuo target e dovrebbero essere considerati canali di marketing strategici.

5 casi di successo di aziende sui Social Media

Esistono diverse strade per raggiungere il successo sui social media: individuare la migliore per il tuo business può essere un compito arduo e talvolta scoraggiante, considerate le numerose piattaforme e strategie di marketing tra cui scegliere. A volte è meglio iniziare osservando la concorrenza, ma vale anche la pena prendere ispirazione da storie di grandi brand che hanno raggiunto il successo sui social.
Vediamo 5 casi di successo di aziende che hanno intrapreso una campagna di marketing sui social media.

Mercedes Benz

Nel 2013, la casa automobilistica tedesca ha realizzato una delle migliori campagne di marketing di Instagram fino ad oggi. L'idea di Mercedes era quella di raggiungere il pubblico più giovane, e per farlo ha ingaggiato cinque dei migliori fotografi di Instagram per fotografare la nuova Mercedes CLA. Il fotografo con il maggior numero di Like si sarebbe aggiudicato l'autovettura; potete quindi immaginare gli sforzi impiegati per vincere il contest.
Entro la fine della campagna, Mercedes ha ricevuto:

- 87.000.000 di Impression su Instagram (le Impression registrano tutte le volte che gli utenti visualizzano un contenuto);

- 2.000.000 di Instagram Like;
- 150 nuove risorse di marketing grazie alle foto straordinarie ottenute.

Puoi ispirarti alla campagna di marketing di Mercedes Benz e proporre ai tuoi followers un contest che premierà il vincitore con un prodotto della tua azienda. Pensa al tuo pubblico di destinazione. Qual è un premio che apprezzerebbero? Puoi reclutare Blogger, Influencer, Fotografi, VideoMaker e farli partecipare al tuo contest tramite i social media.

Dove

L'obiettivo delle campagne di Dove è quello di raccontare una storia che aiuti le donne a stare bene con se stesse. Tramite specifiche ricerche sui social, Dove ha scoperto che l'80% delle conversazioni a cui partecipavano utenti di sesso femminile riguardavano argomenti di malessere interiore che inducevano uno stato d'animo di negatività. L'obiettivo di Dove era quello rendere i social media un'esperienza più positiva. Di conseguenza, Dove si è unito a Twitter e ha lanciato la campagna **#SpeakBeautiful** creando uno strumento per esaminare come i social media influenzano l'autostima delle donne riguardo al tema "corpo". Secondo Dove, le donne sono state ispirate dal loro messaggio:

- #SpeakBeautiful è stato usato più di 168.000 volte;
- Ha generato 800 milioni di Impression sui social della campagna.

Il successo di questa campagna può farti riflettere su quanto sia importante conoscere il target per poterci interagire. Puoi ispirarti alla campagna di Dove per connettere il tuo pubblico ai valori del tuo brand e creare qualcosa di unico.

Red Bull

Red Bull si è classificata al 76 ° posto nella classifica dei brand più potenti di Forbes nel 2015. La loro bevanda energetica originale può essere trovata in oltre 170 paesi, quindi non sorprende che l'azienda abbia venduto oltre 60 miliardi di lattine della loro famosa bevanda. Dall'inizio dell'attività nel 1987, Red Bull ha rilasciato 4 nuovi gusti di bevande energetiche per soddisfare le preferenze individuali.

Poco prima del successo estivo del 2019, Red Bull ha lanciato una campagna Instagram che aveva come obbiettivo quello di aumentare la Brand Awareness nel mercato Australiano tramite la promozione della loro nuova bevanda energetica **"Summer Edition"** dal sapore tropicale. Nel video promozionale, per attirare l'attenzione del pubblico sul nuovo look delle lattine, sono stati incorporati filtri gialli insieme ad immagini e video che ritraggono le tipiche giornate estive. Il video promozionale è stato associato all'hashtag **#thissummer** che è esploso in un successo mondiale.

I risultati della campagna hanno portato ad un incremento di 10 punti nello score della Brand Awareness e sono stati raggiunti 1,2 milioni di consumatori.

Il successo della campagna di Red Bull suggerisce come vi sia un enorme mercato per le campagne lanciate sui social e il genere di potere che Instagram può avere nel guidare gli utenti coinvolti. Per sfruttare tutta la potenza di una campagna di social media su Instagram, devi entrare in connessione con gli utenti, capire i trend del momento e utilizzarli per creare contenuti speciali e coinvolgenti.

Starbucks

Nel 2017, quando Starbucks ha utilizzato Instagram per promuovere il proprio **Unicorn Frappuccino**, le vendite globali sono aumentate del 3% nel secondo trimestre. Grazie a questa bevanda fruttata di colore rosa e viola che cambia colore man mano che la consumi, Starbucks non solo ha suscitato la curiosità dei clienti più giovani, ma ha fatto leva con successo anche sulla "paura di essere tagliati fuori", a causa della disponibilità limitata della bevanda. L'intruglio fotogenico ha attirato eserciti di consumatori che hanno pubblicato foto su Instagram, Facebook, Pinterest e Twitter, immortalati mentre degustavano la tanto desiderata bevanda. L'Unicorn Frappuccino e il suo hashtag **#unicornfrappuccino** hanno generato quasi 155.000 post e indirizzato enormi quantità di consumatori verso i negozi fisici, desiderosi di assaggiare la bevanda prima che si esaurisse.

Far sapere alle persone che un prodotto è in disponibilità limitata e sta per esaurirsi è un secolare trucco di marketing che sembra funzionare anche nei tempi moderni, come esemplificato dalla campagna di successo di Starbucks su Instagram. Sfruttare questa tattica tramite i social può creare opportunità per la tua campagna e farla diventare virale in pochissimo tempo.

Airbnb

Airbnb ha lanciato una serie di video live con lo slogan **"We Are Here"**, che mostravano i viaggiatori che utilizzavano le nuove opzioni "Luoghi ed Esperienze" di Airbnb. Questa campagna è nata in un momento in cui Airbnb voleva crescere e diventare più di un semplice fornitore di alloggi per i viaggiatori.

Nel 2016, la società statunitense ha così deciso di lanciare la sua piattaforma **"Trips"** tramite **Facebook Live**. Durante il periodo di lancio, le persone potevano pubblicare video live di momenti emozionanti del loro viaggio, ad esempio surf, ristoranti tipici del luogo, spettacoli e molto altro. Tutte queste esperienze sono state poi condivise con gli utenti di Facebook tramite la funzione Live. La campagna ha attirato oltre 6,2 milioni di visualizzazioni streaming live in tutto il mondo e ha raggiunto principalmente il target demografico dei 25-34 anni di età, i cosiddetti Millenials. Il risultato della campagna è stato un successo e ha permesso il lancio sul mercato della piattaforma "Trips".

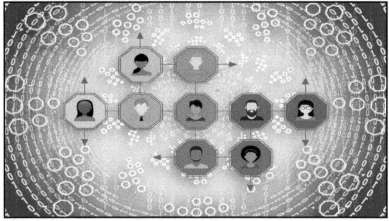

DISCLAIMER

Tutti i marchi registrati e loghi citati in questo libro appartengono ai legittimi proprietari. L'autore non pretende né dichiara alcun diritto su questi marchi, citati solo a scopo didattico. Sebbene i contenuti di questo libro vengano periodicamente aggiornati e modificati, non l'autore non può escludere che al loro interno vi possano essere errori e/o omissioni che in qualche modo mettano in dubbio la correttezza delle notizie fornite.

L'autore in questo caso non si ritiene in alcun modo responsabile di eventuali danni conseguiti a quanto pubblicato. Anche l'elaborazione dei testi, seppure curata con scrupolosa attenzione, non può comportare specifiche responsabilità per involontari errori o inesattezze.

NOTE

www.ingramcontent.com/pod-product-compliance
Lightning Source LLC
Chambersburg PA
CBHW071225050326
40689CB00011B/2466